별별 일이 일어나는 조선판 사건 25시

억울한 백성이 없도록 하라

김은하 글 · 이수진 그림

웅진주니어

 머리말

사건 사고로 꾸며 본 조선의 사회상

사람들이 모여 사는 세상에서는 별별 일들이 벌어집니다. 서로 배려하며 정이 넘치는 훈훈한 이웃들이 있는가 하면, 자기 이익만 차리며 제멋대로 행동해 손가락질을 받는 사람도 있어요. 가끔은 비난 받는 정도를 넘어 범죄를 저지르는 사람도 있고요. 남의 것을 훔치거나, 폭력을 휘두르고, 심지어는 사람 목숨을 빼앗기까지 하는 거예요. 물론 이런 행위에는 법의 제재가 따르고, 지은 죄만큼 벌을 받게 됩니다.

그런데 사회에 물의를 일으키는 범죄 사건은 시대와 지역에 따라 그 내용이 달라져요. 도둑, 강도, 살인 같은 것들은 인류 역사만큼 오래된 범죄일 거예요. 하지만 화폐 위조 같은 범죄는 화폐 사용이 활발한 사회, 즉 어느 정도 경제가 발달한 사회에서 벌어지는 일이지요. 보이스 피싱 같은 범죄는 통신이 발달한 현대에 와서 생겨난 것이고요.

범죄의 내용뿐 아니라 그것을 처벌하는 기준도 사회에 따라 달라져요. "죄를 지은 사람은 두 발 뻗고 잘 수 없다."라는 말은 예나 지금이나 같지만, 무엇이 죄인가 하는 기준이 다르고, 죄를 다루는 태도가 다른 거예요.

예를 들어 지금은 어린이를 학대하면 친부모라도 처벌을 받는데, 전근대 사회에서는 별 문제가 되지 않았어요. 어린이를 개별 인격체가 아니라 부모의 소유물처럼 생각했던 건데, 현대에는 인권 의식이 커지면서 부모가 처벌 대상이 된 거예요.

또 지금은 누군가를 죽이려고 마음을 먹었어도 실행에 옮기지 않으면 죄가 되지 않지만, 조선 시대에는 그런 마음을 가졌다는 것만으로도 처벌을 받았어요. 행위만큼 마음가짐을 중요하게 여긴 거예요. 그 밖에도 개인적인 복수를 어느 정도 용인해 준다거나, 타인의 명예를 훼손하는 일을 훨씬 큰 죄로 여기는 등 지금과 다른 모

습을 볼 수 있어요. 유교식 윤리를 중시한 데다 이것을 법만큼 중요한 판단 기준으로 삼았기 때문이에요.

이렇듯 어떤 사회에서 벌어지는 사건 사고 들과 그것을 대하는 사람들의 태도를 보면 그 사회를 아는 데 큰 도움이 돼요. 이 책에서 조선 시대의 다양한 사건 사고 들을 소개한 것도 바로 당시 사회를 폭넓게 알아보자는 뜻에서예요.

그렇다고 사건 사고 들을 나열만 하면 분위기가 무겁고 지루해질까 봐 정무원이라는 선비의 체험담으로 꾸며 보았어요.

정 선비는 억울한 일을 당한 적이 있어요. 정 선비의 아버지가 역적모의에 가담했다는 누명을 쓰는 바람에 집안이 풍비박산 났고, 다행히 누명을 벗었지만 아버지는 후유증으로 곧 돌아가셨어요. 정 선비는 이미 과거에 급제했으면서도 관료 사회에 회의를 느껴 벼슬을 마다한 채 전국을 떠돌아다니게 되었답니다.

하지만 우연히 흠흠 선생을 만나 공평무사한 사건 처리를 보게 되고, 이를 계기로 사회에서 벌어지는 각종 사건 사고 들에 관심을 기울이게 됩니다. 그렇게 다양한 경험을 한 뒤에는 스스로 백성들의 억울함을 풀어 주는 진정한 목민관이 되겠노라 마음을 다잡게 되지요. 이 책은 정 선비가 다양한 사건들을 겪으면서 세상 보는 눈을 키워 가는 성장기이기도 하답니다.

정 선비는 어떤 일들을 보고 겪었던 걸까요? 이제부터 그 여행을 따라가 보기로 해요.

— 사건 취재 작가 김은하

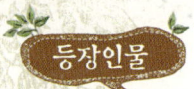

정무원

평생 책상 앞에서 글만 읽으며 살았는데 우연히 여러 사건 사고 들을 접하게 된다. 사건을 처리하는 관리들의 태도와 그에 따라 뒤바뀌는 백성들의 삶을 보면서, 진정한 관리의 자세에 대해 깊이 고민하게 된다.

흠흠 선생
젊은 나이에 관직에 나아가 중앙과 지방의 벼슬을 두루 거쳤다. 매사에 신중하고 일 처리가 꼼꼼하다. 예리한 관찰력과 명석한 판단력은 기본이다. 평생 가슴에 새긴 원칙 하나는 백성을 위한 정치를 펴야 한다는 것!

임금
큰 사건에 대해 최종 판결을 내리는 결정권자. 억울하게 죄를 뒤집어쓰는 백성이 없도록 신중하게 사건을 살피고, 가능하면 벌을 줄여 주려고 한다. 하지만 외척이 저지른 사건에 대해서는 약한 모습을 보이기도 한다.

● 그 밖에 수고한 사람들

채 선비   채씨 부인   임해운   마길우   마길준

본문에서 파란색으로 밑줄 친 낱말은 해당 쪽수 맨 아래에 낱말 풀이를 하였습니다. 그리고 붉은색으로 적은 낱말은 본문의 별도 박스에서 자세히 다루는 내용입니다.

 차례

 사라진 범인의 흔적을 쫓다 • 6

 자살인가 타살인가 그것이 문제로다 • 22

 **개인적인 복수는 용납되는가** • 38

 엉뚱한 소문이 사람 잡네 • 52

 죽었다던 사람이 살아서 나타나다 • 68

 나라에서 금지하는 무역을 하다 • 82

 **백성을 괴롭히는 진짜 도적은 누구인가** • 96

 **조상의 묏자리를 두고 다투다** • 110

 옥살이야말로 이승의 지옥 • 124

 노비는 주인의 명을 거스를 수 없어 • 138

 편견은 저주보다 무섭다 • 154

 사형은 국왕의 허락을 받아라 • 168

사건 1
사라진 범인의
흔적을 쫓다

이곳저곳을 유람하다 강원도를 지나게 되었다. 강릉에서 경포대를 구경한 후 삼척으로 넘어가는데 고갯마루 산신각 옆에서 사람들이 웅성대고 있었다.

'무슨 일이지?'

심각한 표정의 사람들 사이로 산신각을 넘겨다보다가 깜짝 놀라고 말았다. 웬 사내가 죽어 있었던 것이다. 잰걸음 소리에 고개를 돌리는데 현장을 향해 급히 다가오는 사람들이 보였다.

"여기서 관아가 20리 길인데 벌써 오셨네!"

"소식 듣자마자 달려오신 모양이야."

사람들이 얼른 물러서며 머리를 조아렸다. 급히 현장으로 달려온 사람

은 다름 아닌 삼척 부사였다. 부사는 백발이 성성한 노인으로 환갑을 넘긴 듯했다. 체구는 작지만 몸가짐이 흐트러짐 없이 단단했고, 무엇보다 눈빛이 형형하며 사려 깊어 보였다.

부사는 먼저 산신각과 주변을 자세히 살피더니 고개 이름이 무엇인지, 산신각을 누가 관리하는지, 이곳에서 가장 가까운 집은 얼마나 떨어져 있는지 등을 확인했다. 그런 다음에야 시신을 살피기 시작했다.

"시신이 발견된 곳은 산신각 서쪽 처마 밑이다. 산신각에서 두 자 떨어진 곳에 벽과 나란한 방향으로 엎어져 있고 다리는 길 쪽으로 뻗어 있다. 얼굴을 왼쪽으로 살짝 돌린 채 엎어져 있는데, 두 눈을 감고 입은 약간 벌린 채이다. 오른팔은 손바닥을 아래로 향한 채 산신각 쪽으로 뻗어 있고……."

형형하다 … 광선이나 광채가 반짝반짝 빛나며 밝다.

부사는 시신이 놓인 위치와 상태, 복장 등을 상세히 묘사했고, 아전이 옆에서 그 내용을 받아 적었다.

"이자가 누구인지 아는 사람이 있느냐?"

부사가 모여 있던 사람들에게 물었지만 죽은 사내를 아는 사람은 아무도 없었다.

"검시는 가족이 보는 앞에서 해야 하는데……."

검시란 시신의 상태를 상세히 조사한다는 말이다.

부사는 다시 시신을 내려다보며 잠시 생각하더니 아전에게 검시를 준비하라고 했다.

"날이 제법 덥다. 자칫 가족 찾는 일이 늦어진다면 시신이 썩고 말 텐데, 그러면 사인을 밝히기 어려울 것이야. 시작하거라!"

부사의 명이 떨어지자 오작 사령이 시신의 옷을 하나씩 벗기기 시작했다.

"나이는 30대 후반으로 보입니다. 키는 5척에 6치이고 등에는 목에서 5치 되는 곳에 큰 사마귀가 있습니다."

오작 사령은 먼저 시신의 키를 비롯한 신체 특징을 확인하더니 상처의 위치와 길이, 깊이 등을 일일이 자로 쟀다.

"상처는 모두 여섯 곳입니다. 찌른 방향이 제각각이면서 깊지 않은데, 배꼽에서 위쪽으로 한 치 되는 곳에 깊은 상처가 있습니다."

"도적에게 당한 것 같지는 않고, 우발적인 범행 같은데……."

오작 사령과 함께 시신을 살피던 부사가 중얼거렸다.

'우발적인 범행이라고? 시신만 보고 그걸 어떻게 알지?'

나도 모르게 호기심이 생겼다. 그 이유를 여쭙고 싶었지만 함부로 끼어들 수는 없어서 잠자코 조사 과정을 지켜보았다. 시신에 있는 작은 흔적이라도 놓치지 않으려는 듯 꼼꼼히 살피는 모습이 퍽 인상적이었다.

조사가 끝난 뒤 내 이름과 고향을 밝히며 부사 어른에게 인사를 드렸다. 조사 과정을 지켜보며 궁금했던 점을 정중히 여쭈었더니 부사께서는 잠시 나를 살펴보았다.

"이런 일에 관심을 보이다니 꽤나 호기심이 많구먼, 허허. 하기야 학문을 한다면서 책 속에만 묻혀 있는 것보다 세상살이를 두루 알아 두는 것이 좋지."

오작 사령 … 지방 관아에 속하여 수령이 시신을 검시할 때 현장에서 시신을 직접 만지는 일을 하던 사람.

부사는 고개를 끄덕거리며 궁금했던 점을 자세히 알려 주었다.

"시신에 난 상처를 보면 흉기를 마구잡이로 휘둘렀음을 알 수 있네. 무기를 다뤄 본 사람이 아니라는 거지. 그리고 무기를 쓸 줄 모르는 사람이라도 작정하고 저지른 일이라면 기회를 노려 단박에 찌르지 이렇게 중구난방으로 찌르지는 않았을 걸세."

듣고 보니 과연 그렇다. 내친김에 시신을 살피기 전 왜 그토록 오래 주변을 살폈는지 여쭈었다.

"사건 현장을 꼼꼼히 기록해 두면 사건을 해결하는 데 도움이 된다네. 살인 사건의 답은 대부분 현장에 숨겨져 있거든. 지금처럼 야외에서 시신이 발견된 경우에는 주변 산세까지 살피는 것이고, 집 안에서 발견되었다면 집의 구조와 방 크기를 일일이 기록한다네."

"수사 방법을 이리 속속들이 알고 계시다니, 참으로 놀랍습니다."

"그 모든 걸 내가 어찌 다 알겠는가. 《증수무원록》에 자세히 적혀 있어서 도움을 받는 거라네."

《증수무원록》은 관리들이 살인 사건을 수사할 때 사용하는 지침서라고 한다.

"보아하니 글깨나 읽은 젊은이 같은데, 자네도 관직에 나가게 된다면 이 책을 보게 될 날이 올 걸세."

관직이라, 한때는 그것을 바라며 열심히 과거를 준비했건만 언제부턴가 내게서 멀어진 말이었다.

"이 일에 관심이 있다면 당분간 머물며 지켜보는 건 어떻겠나?"

부사 어른의 권유에 나도 모르게 고개를 끄덕거리며 따라갔다.

며칠 후 피해자의 신원이 밝혀졌다. 발견된 곳에서 남쪽으로 10리쯤 떨어진 양지말의 허도종이라는 사람이었다.

"며칠 전에 큰아버님 댁에 땔감을 가져다주신다고 소를 끌고 나가셨어요. 큰아버님이 다리를 다쳐 일을 못 하시거든요. 왜 여태 안 돌아오시나 했더니……."

허도종의 아내는 소식을 듣자마자 혼절했고 아들이 울먹이며 겨우 말을 이었다.

소를 끌고 나갔다고? 하지만 사건 현장에는 소가 없었다. 소는 어디로 간 걸까? 놀라서 달아난 것일까? 범인이 끌고 간 것일까? 피해자는 밝혀졌지만 범인이나 범죄 동기는 전혀 알 수 없었다.

사건이 미궁에 빠지는 것은 아닌지 애를 태우던 어느 날, 읍내 서당의 훈장이 조용히 드릴 말씀이 있다며 부사 뵙기를 청했다.

"산신각 아래 마을에 저를 친형처럼 따르는 사람이 있습니다. 어제 오랜만에 만나 이야기를 나누는데 아무래도 자기 아들이 그 사건을 목격한 것 같답니다. 그런데 아들 무석이 아직 어리고 자기도 관아라고 하면 오금이 지리니 어찌해야 좋을지 모르겠다더군요."

<u>오금이 저리다</u> … 잘못이 들통나거나 그것 때문에 나쁜 결과가 있을까 봐 마음을 졸이다. 오금은 무릎의 구부러지는 오목한 안쪽 부분을 말한다.

부사는 아이가 놀라지 않도록 잘 처리하겠노라고 훈장에게 약속했다.

무석이란 아이가 언제 나타나나 기다리는데, 군관 김필봉의 집에 가 있다는 이야기가 들렸다. 어린 소년을 관아로 부르면 겁을 먹을까 봐 부사가 그리 시켰다고 한다. 김 군관이 맛난 것을 주며 자신의 아들과 어울리도록 했더니 무석은 긴장을 풀었고, 며칠 되지 않아 먼저 사건에 대한 이야기를 꺼냈다.

그날 무석은 읍내에 심부름을 다녀오던 중 갑자기 내리는 비를 피하려고 산신각 처마 밑을 찾았다고 한다. 그런데 웬 사람이 피 묻은 칼을 들고 서 있더란다. 그 사람과 눈이 마주치는 순간 무석은 놀라 자빠질 뻔했다. 아는 얼굴이었던 것이다.

무석은 죽어라 달아나기 시작했다. 다행히 뒤쫓아 오던 그자가 발을 헛디뎌 넘어지는 바람에 무석은 무사할 수 있었다.

"아직도 믿어지지 않아요. 그 아저씨가 그런 짓을 하다니……."

무석은 일전에 장에서 그자를 만난 적이 있다고 한다. 아버지가 일러 준 대로 물건을 사긴 했는데 짐이 많아 쩔쩔매고 있을 때 도와줬다는 것이다.

"마음씨 좋은 아저씨였어요. 짐 꾸리는 요령도 알려 주고, 무거운 건 함께 들어 주고 그랬는데……."

무석이 훌쩍이자 김 군관은 조사를 멈추었다. 아이가 조금이라도 두려

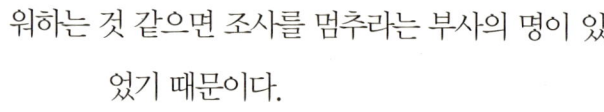

워하는 것 같으면 조사를 멈추라는 부사의 명이 있었기 때문이다.

다음 날 용모파기를 그리는데 무석이 침착하게 기억을 떠올려 제법 그럴듯하게 완성이 되었다. 무석은 용의자가 칠성산에서 약초를 캔다는 이야기를 들었다고 했다.

"칠성산은 여기에서 백 리 가까이 되는 곳이니 이곳에 자주 드나들지는 않았을 것이다. 그래도 일단 인근 장을 돌며 알아보도록 하여라."

부사의 추측대로 삼척 인근의 장에서는 용의자를 아는 사람이 없었다. 부사는 김 군관에게 칠성산 일대를 탐문해 보라고 했다.

"요래조래 생긴 약초꾼 모르시오? 그 사람을 꼭 만나야 할 일이 있는데……."

김 군관은 행상처럼 꾸미고 몇몇 장을 수소문한 끝에 용의자를 안다는 사람을 만날 수 있었다.

"박씨는 요즘 잘 안 보이던데……. 소문으로는 화전을 일구러 들어갔다던가?"

바닷가 마을에 가서 미역을 받아 팔러 다닌다는 행상이 알려 주었다. 화전이란 산의 나무와 풀을 태워 없앤 뒤 그 땅에 농사를 짓는 것이다. 깊은 산골에 들어가 사는 것이 쉬울 리 없지만, 자기 땅이 없으니 그렇게

용모파기 … 범인을 잡기 위하여 그 사람의 생김새와 특징 등을 기록한 것.
용의자 … 확실하게 범인으로 밝혀지지는 않았지만 의심스러워서 조사 대상이 된 사람.

해서라도 살아가는 것이다.

"아, 맞아! 그때 이름을 들었는데…… 박 뭐였더라?"

김 군관이 고개를 갸웃거리며 박씨의 이름을 떠올리는 척했지만 미역 행상도 이름까지는 모르는 눈치였다.

강원도는 산이 깊은 곳이라 화전민이 꽤 많을 터였다. 화전민들은 곳곳에 흩어져 있을 테니 위치를 다 알기도 어렵고, 설령 안다고 해도 일일이 찾아다니기는 더 어려운 일이었다.

"화전민들도 장을 보러 나올 테지?"

김 군관은 장마다 돌아다니며 박씨를 찾는다고 소문을 냈다.

"박씨에게 맡겨 놓은 물건이 있는데 얼마 전부터 안 보이지 뭐요. 들리는 말로는 화전을 부치러 들어갔다나 어쨌다나……. 아버님 물건이라 꼭 찾아야 하는데 큰일이네."

김 군관은 만나는 사람마다 하소연한 끝에 박씨를 안다는 사람을 만나게 되었다.

"얼마 전 우리 마을에 새로 들어온 사람이 있는데 당신이 말하는 그 사람 같소."

"그래요? 박씨가 농사는 잘 짓고 있습니까?"

"그 사람은 소가 있으니까 일이 훨씬 수월하지. 땅 한 떼기 없어서 화전 부치러 온 사람이 소는 어떻게 구했는지 몰라도, 정말 부럽다니까."

김 군관은 속으로 '옳지!' 하고 쾌재를 불렀다.

"어딘지 좀 알려 주쇼. 박씨를 꼭 만나야 한다오."

아버님 물건을 찾아야 한다는 말에 사내는 별 의심 없이 마을 위치를 알려 주었다.

김 군관은 삼척 관아로 돌아와 부사에게 아뢴 뒤 무석을 데리고 화전민촌을 찾아갔다. 혹시 용의자 박씨와 맞닥뜨리면 곤란하므로 무석을 변장시키고 멀찌감치 떨어져서 따라오도록 했다.

김 군관은 한참을 돌아다닌 끝에 용의자 박씨로 생각되는 사내를 찾아냈다.

"어이, 막금이 아닌가? 자네도 이곳에 사는가?"

김 군관이 아무 말이나 둘러대며 아는 체를 했고, 사내는 어안이 벙벙한 표정이었다. 김 군관이 흘낏 시선을 돌리니 뒤에 떨어져 오던 무석이 뒤돌아서며 두 팔을 휘휘 저었다. 미리 정해 둔 신호였다. 김 군관은 잽싸게 박씨를 체포했다.

부사 앞에 끌려온 박씨는 순박한 느낌을 주는 사람이었다. 끔찍한 살인을 저지른 사람이라고 믿기지가 않았다.

"차라리 잘됐습니다. 하루도 맘 편한 날이 없었습니다요."

박씨는 의외로 순순하게 범행을 자복했다.

박씨는 약초를 캐며 근근이 살았다고 한다. 화전을 일구려 해도 맨손으로 덤비자니 과연 할 수 있을까 겁이 났다.

"양지말에는 먼 친척 어른이 있어 도움을 청하려고 몇 번 다녀갔습니다."

그날 박씨는 도움을 거절당하고 돌아가던 중 비까지 내려 처량한 마음으로 산신각 아래 앉아 있다가 자기처럼 비를 피해 들어온 허도종을 우연히 만났다. 허도종은 소가 비를 맞지 않도록 처마 밑으로 바짝 붙여 서게 하더니 애지중지 쓰다듬어 주었다.

"우리 누렁이가 고생이 많구나, 허허."

박씨의 눈에는 그 모습이 그렇게 부러울 수 없었다고 한다. 박씨는 순간 욕심이 생겨 소를 빼앗으려 했는데, 허도종이 거세게 저항하자 우발적으로 목숨까지 빼앗고 만 것이다.

"사람의 목숨을 빼앗았으니 목숨으로 죗값을 치러야 할 것이야."

부사의 말에 박씨는 고개를 푹 떨구었다.

"쯧쯧, 순간의 욕심이 두 사람의 목숨을 앗아 가는구나."

나지막이 중얼거리는 부사의 말소리에 안타까움이 가득 묻어 있었다. 사건을 해결하는 데는 칼같이 예리하지만 사람을 중시하는 마음은 깊은 어른이라는 느낌이 들었다.

자복 … 저지른 죄를 털어놓는 것.

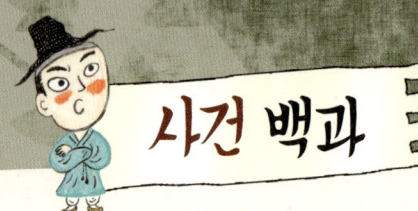

사건 백과

◆ 살인 사건 수사는 고을 수령이

살인 사건을 비롯해 각종 범죄가 일어났을 때 이를 해결하는 것은 그 고을 수령의 책임이었다. 지방 관아마다 법률을 맡은 관리와 의학을 맡은 관리가 따로 배치되어 이들이 수령을 보조했다. 현장에서 시신을 직접 만지는 사람을 오작 사령이라고 했는데, 누구나 꺼리는 일이다 보니 신분이 낮은 사람이 주로 맡았다.

▲ 낙안읍성 동헌 동헌은 지방 관아에서 수령이 사무를 처리하던 중심 건물이다.

◆ 시신을 잘 살피면 실마리가 보인다

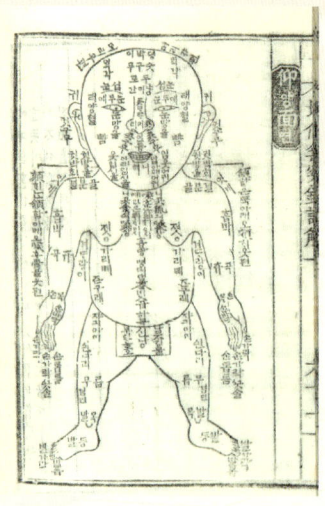

살인 사건을 수사할 때에는 가장 먼저 검시를 했다. 시신의 상태를 꼼꼼하게 살피면 죽음의 직접적인 원인이나 사건 당시의 상황을 밝히는 데 도움이 된다. 정확한 사인을 알아내면 자살인지 타살인지 가려낼 수 있고, 범행 방법도 알아낼 수 있다. 검시는 매우 중요하게 생각되어, 때에 따라서는 이미 땅에 묻은 시신을 다시 꺼내 실시하기도 했다.

▲ 〈시형도(屍形圖)〉 시신의 상태를 나타낸 그림이다.

◆ 검시할 때는 이런 점을 잘 살펴라

시신의 몸 색깔은 사망 원인을 밝히는 데 중요한 기준이 되었다. 시신이 붉은빛을 띠면 맞아서 죽은 것이고, 푸른빛을 띠면 독살당한 것으로 판단했다. 또 시신은 시간이 갈수록 부패하므로 그 정도에 따라 사망 시간을 짐작할 수 있었다.

상처가 있다면 몇 개인지, 크기와 모양, 색깔 등은 어떤지 일일이 살펴보았다. 이를 통해 흉기 사용 여부를 알 수 있었고, 상처를 뚫고 들어간 방향과 넓이 등을 보면 어떤 흉기를 썼는지 추정할 수 있었다.

상처가 없다면 독살이 아닌지 확인하는 것이 필요했고, 목을 매 자살한 경우에는 목에 남은 흔적이나 끈의 상태 등을 보아 혹시 살해 후 매단 것은 아닌지 확인했다.

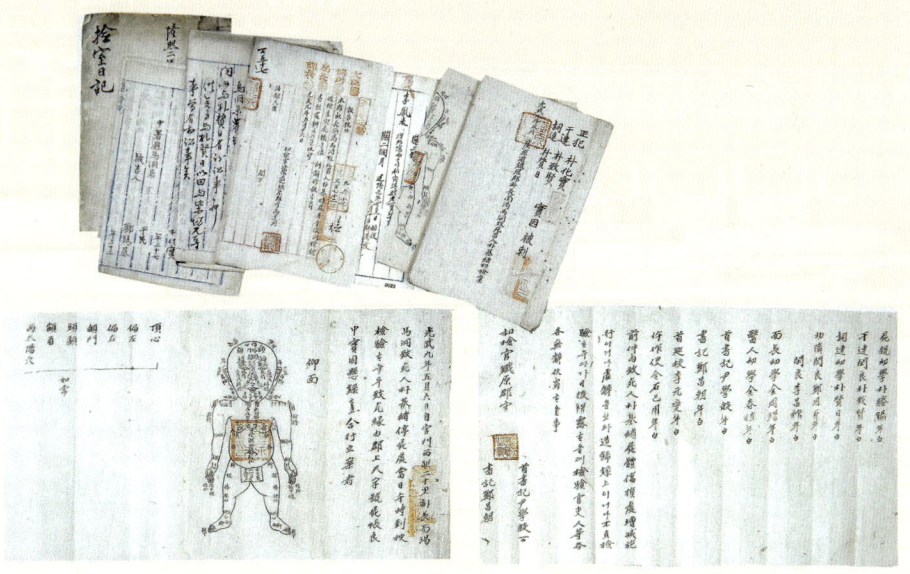

▲ 검안 살인 사건에 대한 조사 보고서이다. 검시 내용을 비롯해 모든 조사 과정을 빠짐없이 기록했다.

집중 탐구

사건을 수사할 때 꼭 필요한 책 《증수무원록》

사건을 조사하는 수령이 대부분 문관이다 보니 아무래도 현장에서는 한계가 있었다. 이때 지침서 역할을 한 것이 《증수무원록》인데, 중국의 《무원록》을 들여와 우리 현실에 맞게 고친 것이다.

◆ 부검 대신 검시를 철저하게

지금은 사인이 분명치 않으면 부검을 실시하지만 조선 시대에는 생각도 할 수 없는 일이었다. 의학 기술의 문제도 있었고, 부모에게 받은 몸을 털끝 하나 건드리면 안 된다는 생각도 컸다. 대신 검시를 통해 사인을 밝혔는데, 《무원록》에 사인별로 사례가 정리되어 있어 이를 근거로 삼았다.

◀〈검시도〉 오작 사령이 검시를 위해 시신을 씻기고 있고, 검시관이 이를 지켜보고 있다.

◆ 억울한 사람이 생기지 않게 하라

《무원록》은 원나라의 왕여(1261~1346)가 검시에 관한 내용을 정리해 놓은 책이다. '무원'이란 억울함이 없게 한다는 뜻으로, 억울하게 죄를 뒤집어쓰는 사람이 생

기지 않도록 정확히 조사하라는 뜻이다. 그런데 조선에서 벌어지는 사건은 중국과 다르기 때문에 《무원록》에 있는 내용만으로는 한계가 있었다. 이를 보완하기 위해 세종 때 《무원록》에 해설을 달아 《신주무원록》을 만들었다.

◆ 내용을 더욱 보강해서 펴낸 《증수무원록》

조선 후기가 되자 《신주무원록》의 내용만으로 사건을 해결하는 데 어려움이 많았다. 사회가 변화하면 범죄도 달라지기 때문이다. 이에 따라 영조 때 구택규가 《신주무원록》에서 잘못된 부분을 바로잡고 새로운 사례를 추가해 《증수무원록》을 펴냈다. '증수'란 내용을 보태고 고친다는 뜻이다.

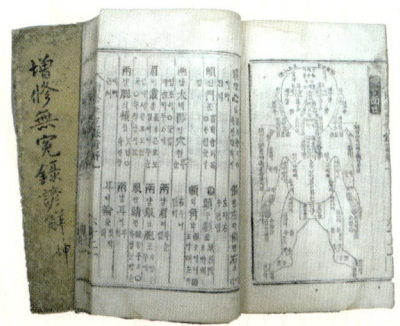

▲《증수무원록언해》《증수무원록》을 한글로 풀어 쓴 것이다.

◆ 다양한 사례를 싣고 있는 지침서

《증수무원록》의 내용이 과학적으로 모두 맞는 것은 아니다. 부모의 해골 위에 자식의 피를 떨어뜨렸을 때 이 피가 스며들어야 친자식이 맞다는 식의 내용은 지금으로선 결코 통할 수 없다. 하지만 《증수무원록》은 사인을 밝히는 데 필요한 기준을 제시하여 수많은 사건 해결에 도움을 주었다. 또 다양한 사례들이 실려 있어서, 그 시대의 각종 범죄와 그에 얽힌 사회 모습을 알 수 있는 자료가 되기도 한다.

자살인가 타살인가
그것이 문제로다

산신각 사건을 지켜보며 머무는 동안 부사 어른과 이런 저런 이야기를 나누게 되었다. 아버님이 역적 누명을 썼던 사건에 대해서는 부사 어른도 잘 알고 계셨다.

부사께서는 벼슬을 마다한 채 떠돌아다니는 내 심정을 이해하신다는 듯, 편히 쉬다 가라 하셨다. 죄송한 마음이 들기도 했지만, 갖고 계신 책이 많아 그것을 보고 싶은 마음에 염치 불구하고 눌러앉았다.

하루는 글을 읽다 막히는 부분이 있어 여쭈러 갔더니 급히 나가시는 중이었다. 관찰사의 명으로 옆 고을에 검시를 하러 가신다고 했다.

김갑동이란 상인이 목을 매고 죽었는데 아무래도 타살 같으니 조사해 달라는 신고가 들어온 사건이었다.

김갑동의 집에 도착하니 마을 사람들이 모여 있었고, 늙수그레한 사내가 사람들을 대표해 부사께 상황을 설명했다.

"저희 사또께서 조사를 하셨습니다만, 한 번 더 조사가 있을 테니 시신을 그대로 두라 하셨습니다. 아무것도 건드리지 말라 하셔서 장례도 못 치르고 이러고 있습니다."

김갑동의 부인 한씨가 충격으로 드러눕는 바람에 이웃들이 대신 시신을 지키는 중이라고 했다. 시신 옆에는 길게 자른 무명이 놓여 있었는데, 목을 맬 때 사용한 것 같았다.

"나리, 저희 형님의 억울한 죽음을 밝혀 주소서."

젊은이 하나가 불쑥 나타나더니 부르짖었다.

"아, 왜 제 형수를 못 잡아먹어 안달인가? 사또께서 조사하시고 별 말씀 없지 않으셨나!"

"알 게 뭔가? 다시 조사해 보면 뭔가 나올지……."

사람들이 힐끔힐끔 부사의 눈치를 살피며 수군거렸다.

"앞선 조사에서는 자살로 결론이 난 모양이구면."

부사가 시신이 발견되었던 헛간으로 향하며 중얼거렸다.

방금 전의 젊은이는 죽은 김갑동의 사촌 동생인 김수동으로, 김갑동의 시신을 가장 먼저 발견했다고 한다.

사촌 형이 헛간 대들보에 매달려 있는 것을 보고 김수동은 까무러칠 뻔했다. 큰 소리로 "형님!"을 외쳐 댔지만 이미 숨이 끊어졌는지 김갑동은 아무 반응이 없었다. 울부짖는 소리에 이웃 사람이 놀라서 달려왔고, 함께 시신을 내렸다.

관찰사와 수령

조선 시대에는 전국을 8도로 나눈 뒤 그 안의 고을을 규모와 중요성에 따라 목·부·군·현 등으로 나누었다. 해당 지역을 다스리는 수령으로는 목사(정3품), 부사(종3품), 군수(종4품), 현령(종5품)과 현감(종6품)을 파견했다. 관찰사는 지금의 도지사에 해당하며 감사라고도 한다.

　김갑동의 부인 한씨는 이웃 마을에 일을 하러 갔다가 뒤늦게 소식을 듣고 달려왔다. 싸늘하게 식어 있는 남편을 보고 한씨는 목 놓아 울기 시작했다.

　"아이고, 그리 힘들어하더니만 이 양반이 기어코……."

　한씨는 남편이 얼마 전 큰 손해를 입어 상심이 컸다면서 "그래도 그렇지, 이런 법이 어딨소?" 하며 대성통곡했다.

　한씨가 비탄에 잠긴 채 남편의 장례를 준비하는데 관아에서 사람들이 들이닥쳤다. 사촌 형의 죽음이 아무래도 타살 같으니 조사를 해 달라고 김수동이 신고를 한 것이었다.

"절대로 형님이 자살할 리가 없습니다. 형님과 함께 일하는 박무돌이 평소 형수와 부정한 사이였습니다. 얼마 전 형님이 그 사실을 눈치챘는데, 두 사람이 화를 면하기 위해 형님을 죽인 게 분명합니다."

김수동이 조사를 요청한 까닭이었다.

그런데 첫 조사에서 타살이라는 증거를 못 찾은 모양이었다. 이번에도 자살로 결론이 난다면 김수동은 형수를 의심했다는 비난을 면치 못할 것이고, 벌까지 받게 될 것이다. 하지도 않은 일을 거짓으로 꾸며 남을 고발하면 벌을 받게 되는데, 고발당한 사람이 받는 벌보다 무거운 벌을 받게 되어 있다. 이번 조사에 따라 죽음의 실체는 물론이거니와 한 사람의 앞날이 결정될 것이었다.

부사는 시신이 발견된 헛간을 구석구석 살펴보았다. 곁에서 함께 살피던 중 석연찮은 점이 눈에 띄었지만 함부로 나설 자리가 아닌 것 같아 말 없이 지켜보기만 했다.

검시에는 가족이 참여해야 하므로 부인 한씨를 나오게 했다.

"한 번 보는 것도 못할 짓이거늘……."

수척한 얼굴로 겨우 몸을 일으킨 한씨는 차마 시신을 보지 못하고 고개를 돌렸다. 오작 사령이 덮어 놓은 옷가지를 벗겨 내고 시신을 살피기 시작했다. 김갑동은 덩치가 꽤 컸다.

"특별히 눈에 띄는 상처는 없고 뒤통수에 작은 상처가 있을 뿐입니다."

한씨 말에 의하면 그 상처는 얼마 전 김갑동이 술에 취해 비틀거리다 돌담 모서리에 부딪쳐 생긴 것이라고 한다.

타살이 의심되는데 겉으로 보기에 멀쩡하다면 독살일 수도 있다. 이럴 때는 깨끗한 은막대를 시신의 목구멍 안에 넣어 본다. 독을 만나면 검게 변하는 은의 성질을 이용해 독살 여부를 가려내는 것이다.

김갑동의 시신에서는 독살의 흔적 또한 보이지 않았다.

"음, 이 정도면……."

부사 역시 자살로 생각하는 듯했다.

사람들이 주섬주섬 현장을 정리하는데 부사는 꿈쩍도 않은 채 시신을 뚫어져라 보고 계셨다. 눈길이 머문 곳을 좇으니 시신의 목 부위였다. 목 부위 역시 별 상처가 없었는데, 다른 곳에 비해 더 창백한 느낌이었다.

순간, 악몽 같은 기억이 뇌리를 스치고 갔다. 아버님이 역모에 가담했다는 죄를 쓰고 잡혀갔을 때, 누이는 시댁에 누를 끼칠 수 없다며 목을 매고 말았다. 출가한 딸은 연좌에서 제외되는 법이지만 역적의 딸이라는 굴레를 평생 짊어져야 한다는 절망감이 누이를 죽음으로 내몰았던 것이다. 다행히 아버님은 누명을 벗었지만 억울한 누이의 죽음은 그 무엇으로도 되돌릴 수 없었다.

누이의 시신을 끌어안고 오열하던 일이 떠오르며 나도 모르게 몸이 떨렸다. 그런데, 김갑동 역시 목을 매고 죽었다는데 그때 누이의 모습과 어

연좌 … 부모 형제가 지은 죄로 무고하게 처벌을 당하는 일.

딘가 다른 것 같았다. 다시 생각하고 싶지 않은 일이지만 마음을 가라앉히고 기억을 더듬어 보았다.

'내가 그때 누님 집에 왜 갔더라? 창이 어멈 비명 소리에…… 대들보에 매달린 줄을 끊고 누님을 내렸는데…….'

턱 밑에서부터 귀밑으로 비스듬하게 올라가며 검붉은 자국이 나 있지 않았던가? 그런데 김갑동의 목은 외려 창백하다…….

헛간을 살필 때 석연찮았던 느낌의 정체를 알 수 있을 것 같았다. 서둘러 헛간으로 들어가 대들보를 살펴보았다.

대들보에는 평소 사람 손이 닿을 일이 없으니 먼지가 쌓이고, 여기에 줄을 매달면 당연히 자국이 생긴다. 그런데 사람이 죽으려고 목을 매는 경우에는 자기도 모르게 몸부림치기 때문에 자국이 어지럽게 생기게 마련이다. 목에 심하게 자국이 남는 것도 그 때문이다. 그런데 김갑동이 매달려 있던 대들보에는 줄을 매단 흔적이 한 줄뿐이었다.

누군가 김갑동을 죽인 후 자살로 꾸미기 위해 대들보에 매달았던 것이다.

"자네는 이미 사실을 알아낸 모양일세그려."

언제 오셨는지 부사 어른이 대들보를 올려다보고 계셨다. 부사가 헛간 가까이 있는 텃밭을 가리켰다. 텃밭의 채소들이 무거운 것에 짓눌린 듯 이지러져 있었다.

"다른 곳에 있던 시신을 옮기면서 생긴 흔적일 걸세."

일단 자살이 아닌 타살임은 밝혀냈지만 아직 살해 방법이나 범인을 찾는 일이 남았다.

"시신을 매달려면 혼자서는 힘들 텐데, 범인은 두 사람 이상인 모양입니다."

짐작되는 바를 조심스럽게 여쭈었더니 부사 어른은 나를 빤히 바라보다가 고개를 크게 끄덕거리셨다.

시신에 남아 있는 유일한 상처는 뒤통수에 난 것이었다. 술에 취해 돌담에 부딪쳤다는 것은 용의자 중 한 명인 한씨의 증언이니 의심해 볼 일이었다. 부사는 다른 상처 없이 뒤통수에만 상처가 있는 것으로 보아 뇌진탕일 가능성에 무게를 두었다.

유력한 용의자인 한씨와 박무돌에 대한 신문이 시작되었다.

"너희가 김갑동을 죽인 후 자살처럼 꾸민 게 분명하렷다!"

부사의 호통에 두 사람은 말도 안 되는 소리라며 펄쩍 뛰었다. 두 사람이 정을 통했다는 말에 대해서도 강하게 부인했다.

부사는 김갑동과 알고 지내던 상인들을 조사하던 중 뜻밖의 말을 듣게 되었다.

"얼마 전에 큰 거래도 성사되고 일이 잘 풀리고 있는데 왜 그랬는지 모르겠습니다."

큰 손해를 봤다는 부인 한씨의 증언과는 정반대 이야기였다. 더구나

그 거래는 김갑동과 박무돌이 함께 준비한 것이라고 했다.

"남편이 왜 제게 거짓말을 했는지 모르겠습니다."

"김씨와 함께 일했다는 것만 가지고 죄를 씌우려 하십니까?"

한씨와 박무돌은 여전히 억울함을 호소할 뿐이었다.

부사는 그동안 조사한 내용을 차분히 되짚어 보더니 나졸들을 박무돌의 집에 보냈다.

'혹시 박무돌이 돈을 전부 차지하려고 김갑동을 죽인 것일까?'

나는 나졸들이 박무돌의 집에 돈을 찾으러 간 것이라 짐작했다. 하지만 나졸들이 가져온 것은 무명필이었다. 급하게 잘라 낸 듯 끝이 거칠게 끊어져 있었는데, 김갑동의 목에 감겨 있던 것과 같은 천이었다.

증거를 들이대자 박무돌은 결국 범행을 자복했다. 이익을 나누는 문제로 다투던 중 박무돌이 화를 이기지 못하고 김갑동을 밀쳤는데, 넘어지면서 땅바닥에 머리를 세게 부딪치더니 그대로 숨졌다는 것이다. 부사 어른의 짐작대로 뇌진탕이었다.

박무돌은 평소 정을 통하던 한씨에게 어찌하면 좋을지 의논했고, 두 사람은 김갑동이 자결한 것처럼 위장하기로 했다. 시신을 김갑동 집으로 옮길 때 처음에는 업어서 옮겼으나 막판에는 힘에 부치자 끌어서 옮겼고, 그러다 보니 텃밭에 흔적이 남았던 것이다.

"살해 후 시신의 목을 매서 자살로 위장한 사건은 살인 사건 중 가장 해결하기 어려운 경우라네. 그걸 단박에 알아내다니, 대단하구먼그래."

부사 어른의 칭찬에 나는 그저 쑥스러운 표정을 지을 뿐 누이에 대한 기억은 차마 말씀드리지 못했다.

사건이 해결된 뒤 곧 파주의 고향 집으로 돌아가게 되었다. 아버님 제사가 다가왔던 것이다.

"이번 임기를 마치면 고향인 교하로 돌아갈 생각이네. 파주와 가까운 곳이니 언제 한번 들르게나. 그리고 한 가지 당부하고 싶은데, 벼슬에 나가든 아니든 학문의 끈을 놓지는 말게."

부사 어른의 따뜻한 격려를 받으며 삼척을 떠나는데, 마치 오랜 스승 곁을 떠나는 것처럼 마음이 허전했다.

◆ 검시는 두 번 이상 실시하라

◀ **복검안** 두 번째 조사 내용을 담은 보고서이다. 같은 사건을 두 번 조사하고 보고서도 각각 만들었다.

검시는 두 번 하는 것이 원칙이었다. 해당 고을의 수령이 먼저 검시를 했고, 관찰사가 이웃 고을의 수령을 지목해 두 번째 검시를 했다. 수령들은 서로의 검시에 관여할 수도, 내용을 알 수도 없었다. 각자 조사해서 그 내용이 같으면 조사를 끝냈고, 결과가 서로 다르거나 유족이 재조사를 요구하면 또 다른 수령이 다시 검시를 했다.

◆ 사건 보고서는 최대한 자세하게

조사를 마친 뒤 보고서는 최대한 자세하게 작성했다. 시신에 관한 것은 물론 사건에 관계된 사람들을 신문한 내용까지 모두 기록했다.

자세한 기록을 위해 그림도 남겼다. 시신에 나 있는 상처의 위치와 크기, 모양 등을 일일이 표시한 그림은 반드시 포함되었고, 사건 현장의 지형도, 사용된 흉기, 관련 있는 물건 등도 모두 그려 넣었다. 목을 맨 시신이라면 사용된 끈을, 발에 밟혀 죽었다면 범인의 신발을 그리는 식이다. 내용이 무척 자세해서, 십 년이 지난 뒤에도 이 기록을 바탕으로 다시 사건을 조사하고 판결을 내릴 수 있을 정도였다.

◆ 은막대로 어떻게 독살을 가려낼까

독살 여부를 가려낼 때는 은막대를 사용했는데, 은이 황과 결합하면 검게 변하는 성질을 이용한 것이다. 조선 시대에 사용된 독은 대부분 비상이라는 물질이었다. 비상은 색과 냄새가 없는 데다 물에 잘 녹기 때문에 음식물에 섞어 놓으면 알아채기 어려웠다. 그런데 비상에는 황 성분이 포함되어 있어서 은과 접촉하면 검게 변했고, 바로 이 성질을 조사에 이용한 것이다.

◆ 삼족을 멸하는 연좌제

연좌는 죄를 저지른 본인뿐만 아니라 그 가족까지 함께 처벌하는 것을 말한다. 인륜을 어긴 죄, 강도죄, 여러 명을 죽이거나 시신을 훼손하는 등의 극악한 범죄에 적용되었다. 특히 역모죄에 대해서는 '삼족'을 처벌했는데, 삼족이란 죄인의 형제자매, 아버지의 형제자매, 아들의 형제자매 즉 자식들을 말한다. 시집 간 딸은 예외였고, 사위나 그 집안 역시 연좌에서 제외되는 것이 원칙이었다.

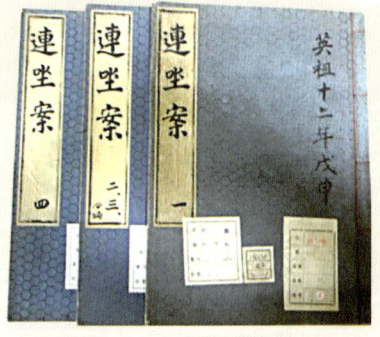

▲《연좌안》 조선 후기 연좌된 죄인들에 대해 기록해 놓은 책이다.

집중 탐구

검시에 도움을 주는 다양한 법물들

흉기에 찔리거나 구타당해 죽은 시신이라도 시간이 지나면 상처가 잘 드러나지 않을 수 있다. 또, 범인이 흔적을 지울 수도 있다. 이런 숨어 있는 흔적을 찾아내기 위해 검시에는 다양한 도구가 사용되었는데, 이것을 법물이라고 했다.

◆ 악취를 없애는 창출

당삽주라는 식물의 뿌리이다. 시신이 있는 곳의 악취를 없애는 데 이용했다.

◆ 식초를 이용해 흉기의 핏자국 찾기

범행에 쓰인 것으로 보이는 흉기를 찾아냈는데 별 흔적 없이 깨끗할 수도 있다. 이때 흉기를 숯불로 달군 후 진한 식초를 부으면 맨눈에는 보이지 않던 핏자국이 선명하게 드러난다.

◆ 지게미와 식초로 상처 자국 찾기

지게미(술을 거르고 난 찌꺼기)와 식초를 시신에 고루 바르면 상처 자국이 드러나는 효과가 있다. 날씨가 추울 때에는 식초와 지게미를 뜨겁게 데워서 사용한다.

◆ 파를 이용해 구타 자국 찾기

상처가 있는 것으로 의심되는 부위를 물로 적신 뒤 파의 밑동을 짓찧어 살짝 데쳐서 바른다. 그 위에 식초를 적신 종이를 덮어 두었다가 벗겨 내면 구타 자국이 드러난다.

◆ 독살을 확인할 때는 순은을 사용

독살을 확인할 때 사용하는 은막대는 불순물이 섞이지 않은 순은을 사용해야 한다. 은비녀를 사용하기도 했는데, 은비녀 중에는 순은이 아닌 것도 있어서 결과가 잘못 나올 수도 있다. 관청에서는 순은으로 된 막대를 준비해 두었다가 검시용으로만 쓰도록 했다.

◆ 닭을 이용해 독살 가려내기

시신의 목구멍에 밥을 넣고 종이로 막았다가 한두 시간 후에 꺼낸다. 이것을 닭에게 먹여서 죽으면 독살된 것이다. 영조는 이 방법을 금지시켰는데, 굶주린 백성 중에 이 닭을 가져다 먹고 죽는 사람이 생겼기 때문이다. 어쩔 수 없이 닭을 이용한 경우에는 곧바로 버려야 했다.

◆ 검시에 사용되는 것은 모두 법물

이 밖에도 검시에는 소금, 초피나무 열매, 매실, 감초, 토분(흙으로 만든 동이), 망치, 탕수기(물 끓이는 그릇), 숯, 백지, 솜, 거적자리, 가는 노끈 등 다양한 물건이 쓰였다.

개인적인 복수는
용납되는가

고향 집에서 지내던 어느 날, 부사 어른께서 교하로 오셨다는 소식을 듣고 한걸음에 달려갔다.

어른께서는 한강 하류가 내려다보이는 언덕에 작은 집을 지어 놓고 독서로 시간을 보내고 계셨다.

"번거로운 업무에서 벗어나 책이나 읽고 있으니 신선놀음이 따로 없다네, 허허."

"부사 나리가 건강하신 걸 보니 제 마음도 기쁩니다."

"이 사람, 내가 아직도 부사던가?"

부사께서는 벼슬에서 물러난 처지에 그런 호칭이 거북스럽다며 당신의 호를 일러 주셨다.

"그냥 흠흠 선생이라고 부르게나."

흠흠이라…… 삼가고 또 삼간다는 뜻이니 신중함을 뜻한다. 매사를 진중하고 꼼꼼하게 살피는 어른께 잘 맞는 호라는 생각이 들었다.

흠흠 선생은 교하 현감을 만나러 가신다며 함께 가자 하셨다. 교하 현감은 얼마 전 부임해 왔는데 젊은 무관 출신이었다.

"제가 배움이 많이 모자랍니다. 마침 흠흠 선생님이 계셔 늘 도움을 받고 있으니 참으로 다행입니다."

흠흠 선생을 대하는 현감의 태도에 존경심이 가득했다.

"늘 공부하고 노력하시니 진정한 목민관이 될 수 있을 겁니다."

목민관 … 각 고을을 맡아 다스리던 지방관(수령)을 가리키는 말. 목자가 가축을 보살피며 기르는 것처럼 백성을 잘 보살피라는 뜻이 담긴 말이다.

흠흠 선생은 현감의 마음가짐을 치켜세웠다.

"나으리! 사또 나리!"

화기애애하게 이야기꽃을 피우는데 밖에서 숨넘어가는 소리가 들렸다.

"웬 소란이냐?"

현감이 문을 열어젖히니 이방이 불안한 얼굴로 발을 동동 구르고 있었다.

"관아 앞에 웬 여인이……."

"여인이?"

"웬 여인이 칼을 들고 나타났사옵니다."

누가 먼저랄 것도 없이 모두 자리를 박차고 일어났다.

관아 정문 앞에는 젊은 여인이 피 묻은 칼을 앞에 놓고 꿇어앉아 있었다. 여인은 자신이 사람을 죽였노라고 했다.

"억울하게 죽은 남편의 원수를 갚은 것입니다."

여인의 말투는 단호했지만 두 눈에서는 굵은 눈물이 흘러내리고 있었다.

"아! 이 여인은……."

이방이 고개를 갸웃거리며 여인을 뚫어져라 쳐다보다가 뭔가 생각난 듯 소리쳤다.

"몇 달 전 남편이 억울하게 죽었다며 찾아왔던 여인입니다."

지금의 현감이 부임하기 전 일이니 먼저 상황을 파악할 필요가 있었다. 이방이 당시 작성한 문서들을 가져왔고, 현감과 흠흠 선생은 함께 기록을 살피기 시작했다.

여인의 성은 황씨로, 읍성에서 십 리쯤 떨어진 밤골에 살고 있었다. 황씨와 남편 윤인구는 땅이 없어 남의 땅을 빌려 농사짓고 있었다. 가진 것 하나 없는 부부는 몸이 부서져라 열심히 일할 뿐이었다.

이웃의 마음 좋은 김 생원은 젊은 부부를 딱하게 여겨 가끔 소를 빌려주었고, 윤인구는 김 생원네 일을 제 일처럼 도우며 감사한 마음을 표하곤 했다.

그런데 하루는 줄을 끊고 달아난 소가 김희찬의 콩밭에 들어가 콩잎을 뜯어 먹고 짓밟는 일이 벌어졌다. 김희찬이 소를 때리자 윤인구가 달려가 말렸는데, 잔뜩 화가 난 김희찬은 윤인구에게까지 몽둥이를 휘둘렀다. 피투성이가 되어 집에 온 윤인구는 한 달 가까이 앓다가 죽고 말았다.

황씨 부인은 남편이 김희찬에게 맞아서 죽은 것이라며 관아에 신고했다. 하지만 김희찬은 윤인구가 죽은 시점을 들어 자기 잘못이 아니라고 주장했다.

"화가 나서 좀 때리기는 했습니다만, 그 일이 있고 한 달이나 있다 죽었는데 어떻게 제 책임입니까?"

사람이 심하게 맞으면 그 순간에는 살아 있더라도 후유증으로 나중에 죽는 경우가 더러 있다. 그래서 맞은 사람이 즉사하지 않더라도 일정 기한 내에 죽으면 때린 사람에게 살인죄를 적용한다. 그 기간은 다친 정도에 따라 다른데, 예컨대 주먹질이나 발길질을 당한 사람이 열흘을 못 넘기고 죽으면 살해당한 것으로 보는 식이다.

"윤인구가 죽은 건 평소 앓던 병 때문입니다."

김희찬은 거듭 억울하다고 주장했다.

당시 사건을 조사했던 현감도 "물건으로 사람을 때려 다치게 한 경우에는 20일을 기한으로 한다."라는 조항을 적용해 김희찬에게 살인죄를 적용할 수 없다고 판결했다.

황씨는 남편을 잃은 슬픔에다 억울한 심정까지 더하게 되었다. 게다가 시어머니마저 아들을 잃은 슬픔을 이기지 못해 눈물로 지새우다 돌아가시고 말았다.

황씨는 자신들이 힘없고 가진 것 없는 처지라 무시당한다고 생각했고, 직접 남편의 원수를 갚자고 결심했다. 황씨는 몇 달간 틈을 보던 끝에 전날 잔치에서 술을 잔뜩 마시고 곯아떨어진 김희찬을 칼로 찌른 것이다.

"음, 남편의 원수를 갚았다……."

"과연 정당한 복수인지 신중하게 다루어야 할 사건 같습니다."

사건을 의논하는 흠흠 선생과 현감의 얼굴이 어두웠다.

우리 조선에서는 법을 우선으로 하지만 복수도 어느 정도 인정한다. 가령 부모가 눈앞에서 구타당하거나 살해된다면 어느 자식이 가만히 있을 것인가? 이때는 원수를 때리거나 죽여도 죄를 묻지 않는 게 원칙이다. 인륜을 그만큼 중시하는 것이다.

"남편의 원수를 갚기 위해 김희찬을 죽였습니다. 이런 경우에는 죄를 묻지 않는다고 들었습니다. 설령 처벌받는다 해도 지아비의 원수를 갚았으니 무슨 후회가 있겠습니까?"

황씨 부인이 이런 말을 하는 걸 보면, 정당한 복수에 대해서는 법도 관용을 베푼다는 사실을 백성들도 두루 알고 있는 모양이다. 하지만 무한정 복수를 인정할 수는 없다. 그렇다면 법이 왜 있겠는가?

황씨는 남편의 원수를 갚았지만 김희찬의 자식에게는 원수가 된다. 그래서 김희찬의 자식이 황씨에게 복수한다면? 다음에는 황씨의 자식이 김희찬의 자식에게 복수할 것인가? 이런 식이라면 대대손손 서로 죽고 죽이는 일이 벌어질 것이다.

나라의 법은 그래서 필요한 것이다. 법을 제대로 적용해 억울하게 죽은 사람의 한을 달래 준다면 백성들이 왜 개인적으로 복수를 하겠는가!

"지난 조사 때 착오가 있었을지 모르니 다시 조사해 보시는 게 좋겠습니다."

흠흠 선생의 조언에 현감이 고개를 끄덕거렸다.

재조사를 통해 이전 판결이 잘못된 것으로 밝혀진다면, 그래서 김희찬의 살인죄가 인정된다면 황씨 부인은 매를 맞는 정도로 풀려날 것이다. 하지만 이전 판결과 같은 결론이 난다면 황씨 부인은 살인죄를 면치 못할 것이다.

얼마 후 다시 유람을 떠나겠다며 흠흠 선생께 인사를 드리러 갔다.

"지난번 일은 어찌 결론이 났습니까?"

황씨 부인의 일이 궁금해 여쭈어 보니, 이전 현감이 법을 잘못 적용했음이 밝혀졌다고 한다.

윤인구는 몽둥이로 몇 대 맞은 정도가 아니었고 다리가 부러지는 바람에 꼼짝없이 누워 있다가 세상을 떴다고 한다. 김 생원이 문병을 갔었다

며 윤인구의 다리가 부러졌던 사실을 증언했고, 윤인구를 치료했던 의원 역시 같은 말을 했다.

팔과 다리를 부러뜨리거나 뼈를 부스러지게 한 경우에는 살인으로 인정되는 기한이 50일로 늘어난다. 그런데 당시 현감은 윤인구의 상태를 자세히 살피지 않아 다리가 부러졌다는 사실을 몰랐고, 몽둥이로 맞았다는 사실만 가지고 판결을 내렸던 것이다.

"황씨가 남편의 다리가 부러졌다는 것을 제대로 알렸더라면 김희찬에게 살인죄를 물을 수 있었을 텐데 안타깝습니다."

"물론 법을 알았더라면 끔찍한 복수를 하지 않고도 남편의 원수를 갚았을 테지. 하지만 평범한 백성들이 법을 어찌 일일이 다 알겠는가. 사건을 조사했던 현감이 조금만 더 주의를 기울였더라면 끔찍한 복수극이 벌어지지 않았을 텐데, 안타까우이."

흠흠 선생은 그래서 목민관의 역할이 중요하다고 말씀하셨다. 글을 모르고 법에 무지한 백성이라도 억울한 일을 당하지 않도록 살피는 것이 목민관의 본분이라는 것이다.

무거운 마음으로 흠흠 선생에게 작별 인사를 드렸다. 이번에는 동래에 다녀오겠다고 했더니 흠흠 선생은 가는 길에 청풍에 들러 보라 하셨다.

"조카가 얼마 전에 청풍 부사로 부임했다네. 경치가 좋은 곳이지. 내 안부도 전해 줄 겸 들러서 가게나."

흠흠 선생이 조카에게 보내는 편지를 주시며 조심스럽게 덧붙이셨다.

"이번에 다녀오면 관직 문제를 진지하게 생각해 보게. 현명한 관리가 되지 싶은데…… 자네의 자질이 아까워서 그러네."

선생의 과찬에 감사드리며 깊이 생각해 보겠노라 말씀드렸다.

사건 백과

◆ 죽일 마음만 품었어도 처벌받는다

살인 사건을 처벌할 때에는 순간적으로 저지른 일인지, 처음부터 죽일 마음을 품었는지가 중요한 기준이 되었다. 고의로 살인을 한 경우, 특히 계획적으로 살인을 한 경우에는 목을 베는 참형에 처했고, 설령 피해자가 죽지 않았어도 사형으로 처벌했다. 또, 직접 범행을 하지 않았어도 계획에 가담했다면 그에 상응하는 처벌을 받았다. 사람을 죽일 마음을 품었다는 자체가 죄가 되는 것이다.

◆ 부모를 위한 복수는 당연한 일

가족의 원수를 갚기 위한 살인은 용서되기도 했다. 조부모나 부모, 남편, 아들을 죽인 사람에게 복수한 경우에는 장 60대에 그쳤고, 부모가 살해당하는 현장에서 원수를 죽인 경우에는 아예 죄를 묻지 않았다. 부모를 구타한 사람을 살해한 경우에도 사형이 아니라 유배형으로 처벌을 낮춰 주었다.

◀〈누백포호〉 아버지를 물어 죽인 호랑이에게 복수하는 모습을 그린 것이다. 상대가 누구든 부모를 위한 복수는 당연한 것이었다. 김홍도 그림.

◆ 사람을 때렸으면 책임을 져라

남에게 맞은 사람이 그것이 원인이 되어 죽는다면 때린 사람은 살인죄가 된다. 따라서 실수나 홧김에라도 남을 때렸다면 책임지고 피해자를 치료해 주어야 한다. 그렇다고 맞고 나서 한참 뒤에 죽은 것까지 책임을 물을 수는 없다. 그래서 구타당한 사람이 죽었을 때 살인으로 인정되는 기한을 정해 놓았다. 손과 발로 때렸을 때는 열흘, 물건으로 때렸을 때는 20일 안에 맞은 사람이 죽으면 살인죄가 되는 식이다.

▲〈길거리 싸움〉 사소한 다툼이 살인 사건으로 커지는 일도 많았다. 김준근 그림.

◆ 개인끼리 사건을 처리하는 건 불법

가족이 다른 사람에게 맞아 병이 나거나 죽었다면 관청에 신고해야 하지만, 실제로는 치료비나 장례비를 받아 내는 식으로 개인들끼리 처리하는 경우가 많았다. 백성들이 신고를 꺼려하는 이유에 대해 다산 정약용은 "관리들이 수사하는 과정에서 백성들을 괴롭히고 고을을 쑥대밭으로 만들기 때문이다."라고 개탄했다. 관리들이 제 역할을 못 하니 법질서가 무너진다는 것이다.

죄인을 다스리는 다섯 가지 형벌

조선 시대에 죄인을 처벌하는 형벌은 태형, 장형, 도형, 유형, 사형 다섯 가지가 기본이었다. 지금처럼 교도소에 가두어 두는 벌은 없었고, 죄인의 신분이나 죄질에 따라 형벌 방법이 달랐다.

◆ 매를 때리는 태형과 장형

태형과 장형은 매를 치는 벌이다. 태는 회초리처럼 가는 매였고, 장은 이보다 조금 더 굵었는데 크기와 모양이 법으로 정해져 있었다. 어떤 죄에 몇 대를 때릴지 자세히 정해져 있었고, 태형은 10대에서 50대까지, 장형은 60대에서 100대까지였다. 죄인을 형틀에 묶고 엉덩이를 드러낸 후 때리는데 여자는 옷을 입은 채로 때렸다. 조선 후기에는 장보다 크고 넓적한 곤(곤장)이 등장했는데, 주로 군사와 관련된 범죄에 쓰였다.

▲ 태형   김윤보 그림.

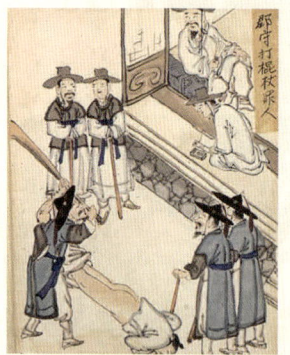

▲ 곤형   김윤보 그림.

◆ 강제 노동을 시키는 도형

도형은 힘든 일을 시키는 벌이다. 소금 굽기, 쇠 불리기, 종이 만들기 등을 시키거나 변방에 병졸로 보냈다. 기간은 죄에 따라 1년부터 3년까지 6개월 단위로 늘어

났고, 각각에 장형을 60대에서 100대까지 함께 집행했다. 도형을 살던 중 부모가 돌아가시면 집에 다녀올 수 있었고, 병이 났을 때에는 휴가를 낼 수 있었다. 대신 돌아온 후 그 날짜만큼 마저 채워야 했다.

◆ 먼 곳으로 보내는 유배

죄는 크지만 차마 사형까지 시키지는 못할 때 먼 지방으로 유배를 보냈다. 귀양살이라고도 하며, 주로 정치범이 유배형을 받았다. 죄가 클수록 멀리 보냈고, 장 100대를 함께 집행했다. 정해진 기간 없이 죽을 때까지 유배지에서 사는 게 기본이었지만 정치 상황이 바뀌면서 유배에서 풀리는 일도 많았다.

◆ 죄인의 목숨을 빼앗는 사형

예나 지금이나 가장 무거운 형벌은 사형이다. 살인죄, 인륜을 어긴 죄, 역모죄 등이 대상이었다. 사형 방법은 대개 목을 매는 교형이었고, 죄질이 나쁜 경우에는 목을 베는 참형으로 처벌했다. 신분이 높은 사람에게는 사약을 내려 신체가 훼손되지 않게 해 주었다. 다만 70세가 넘은 죄인은 사형에 처하지 않았다.

◀ **참형** 김윤보 그림.

엉뚱한 소문이
사람 잡네

청풍으로 가는 중에 그곳에 산다는 남 선비와 동행하게 되었다. 이야기를 나누어 보니 지역에서 꽤 위세를 떨치는 집안 자제였다.

이른 아침 나루를 건넜는데 물 위에 이상한 것이 보였다. 기슭에 닿을 듯 다시 흘러갈 듯 위태롭게 떠 있는데, 뭔가 하고 가까이 가서 보니 놀랍게도 시신이 아닌가!

사람들이 급히 시신을 건져 냈다. 스물 남짓 되어 보이는 젊은 여인이었는데 차림을 보아서는 양반가의 여인 같았다. 관아가 가까웠는지 신고를 받은 청풍 부사가 곧 나타났다. 나루를 건너려던 사람들과 어느새 소문을 듣고 온 사람들이 시신 주변으로 모여들었다.

부사는 시신의 상태를 주의 깊게 살피더니 시신을 발견할 당시의 정황과 발견된 지점을 자세히 물어보았다. 그 모습을 보니 흠흠 선생을 처음 뵙던 날이 떠올랐다.

"검시에는 가족이 참여해야 하는데 이를 어쩐다?"

부사는 먼저 인근 양반가를 중심으로 사라진 사람이 없는지 알아보도록 했다.

늦은 오후 한 무리의 사람들이 우르르 몰려왔다. 모여 있던 사람들이 몸을 바짝 낮추며 주춤주춤 물러서는데, 부사가 나타났을 때보다 더 공손하다는 느낌이 들었다.

무리를 이끌고 나타난 사람은 지역의 세력가인 남 진사라고 했다. 수령은 임기를 채우고 떠나면 그만이지만 남 진사는 대대로 눌러 사는 세력가이니 고을 사람들에게는 수령보다 영향력이 막강할 것이었다.

"며늘아기가 그제부터 행방이 묘연한데, 혹시나 해서……."

남 진사의 말이 채 끝나기도 전에 한 여인이 시신 위로 엎어지며 오열했다.

"아이고, 아씨!"

남 진사의 며느리가 시집올 때 따라온 유모라고 했다. 남 진사가 시신을 확인하더니 깊은 한숨과 함께 조용히 고개를 끄덕였다.

남 선비는 무척 당황한 것 같았다. 죽은 여인이 남 진사의 며느리라면 자신과도 가까운 친척이 되는데, 양반가의 엄한 내외법 때문에 얼굴을 제대로 본 적이 없어 누구인지 몰랐던 것이다.

남 진사의 며느리 채씨는 시집오고 몇 달 만에 남편을 병으로 잃었는데, 남편이 죽고 얼마 후 태어난 아들을 위안 삼아 살았다고 한다.

"도련님, 이를 어쩐대요? 아이고, 아이고!"

유모가 한 사내를 붙들고 울부짖었다. 죽은 채씨 부인의 친정 오라비라고 했다. 사내는 넋이 나간 얼굴이었는데 시신을 향해 다가가는 걸음이 불편해 보였다.

누구는 목 놓아 울고 누구는 쯧쯧 혀를 차며 소란스러운 가운데 남 진사는 먼 산만 바라보고 있었다. 슬픈 건지 화가 난 건지 알 수 없는 복잡한 표정이었다.

부사가 검시를 하겠다고 하자 남 진사가 펄쩍 뛰었다. 양반가의 부녀자를 욕보이는 일이라는 것이다.

내외법

남녀 사이에 자유로운 접촉을 금지하던 것으로, 내외는 각각 '여자'와 '남자'를 뜻한다. 여자는 문밖 출입을 마음대로 할 수 없고, 부모 형제 및 아주 가까운 친척 외에는 남자를 만날 수 없었다. 부득이하게 외출할 때에는 장옷 등으로 얼굴을 가려야 했다. 내외법은 양반 부녀자에게만 적용되는 것이었다.

"사인이 모호한 경우에는 반드시 검시하도록 되어 있소이다."

"익사한 것이 분명하거늘, 눈으로 뻔히 보면서도 그러시오?"

"어찌 이 아이를 두 번 죽이려 그러시오?"

남 진사의 가족들이 거들고 나섰지만 부사도 호락호락하지 않았다.

"물에서 발견되었지만 익사가 아닐 수도 있는 거요. 양반가의 부녀자가 말도 없이 사라졌다 시신으로 발견되었는데, 이런 일을 그냥 넘기란 말이오?"

원칙대로 맞서는 부사를 보니 흠흠 선생의 조카답다는 생각이 들었다.

"지금 국법을 어기겠다는 것이오?"

부사가 국법을 내세우며 으름장을 놓자 남 진사는 결국 한 발 물러섰다.

오작 사령이 시신을 살피기 시작했는데, 남 진사를 의식한 탓인지 손놀림이 조심스러웠다.

"몸에는 상처 하나 없이 깨끗하고, 살갗이 하얗게 변했습니다. 손톱 밑에 가는 모래와 진흙이 끼어 있고, 신발 속에서도 모래와 진흙이 나왔습니다. 배가 약간 부풀어 올랐습니다."

부사는 시신의 상태로 보아 익사한 것이 분명하다고 결론 내리고, 남 진사에게 시신을 거두어 가도록 허락했다.

한바탕 소란이 끝난 후에야 부사에게 제대로 인사를 드릴 수 있었다. 부사는 반갑게 흠흠 선생의 편지를 읽더니 귀한 손님이라며 융숭하게 대접해 주었다.

청풍은 깊은 산과 그 산들을 휘감아 흐르는 강물이 어우러져 천혜의 절경을 이룬 곳이었다. 산을 오르기도 하고 물을 건너기도 하며 곳곳의 경치들을 감상하자니 마음까지 시원해졌다.

하루는 뱃놀이를 마치고 돌아왔더니 부사가 이야기나 나누자며 불렀다.

"오늘 남 진사가 다녀갔는데 말이오, 조정에 며느리의 정려를 청하는 글을 올려 달라고 하더이다."

며느리 채씨가 정절을 지키기 위해 자결한 것이 분명하니 열녀문을 세워 마땅하다는 것이었다.

"그래서 응낙하셨습니까?"

부사는 대답 대신 고개만 갸웃거렸다. 어떤 생각인지 대충 짐작되었다.

채씨 부인이 물에 빠져 죽은 것은 분명하다. 하지만 의문은 남는다. 스스로 물에 뛰어들었는가, 누군가 빠트렸는가?

남편이 먼저 세상을 떠난 경우 부인이 남편을 따르겠다며 혹은 정절을 지키기 위해 자결하는 경우는 제법 있다. 채씨 부인도 그런 경우였을 수 있다. 하지만 이상한 것은, 왜 굳이 밖에 나와서 물에 빠졌는가 하는 것이다. 그 엄격한 양반가에서 외출도 쉽지 않았을 텐데 말이다.

부사는 더 조사하고 싶은 눈치였지만 남 진사의 위세를 생각하면 가능할 것 같지 않았다. 부사는 신중히 생각하겠다는 어정쩡한 대답으로 남 진사를 돌려보냈다고 한다. 하지만 그 뒤로 남 진사의 형제를 비롯해 그야말로 지역의 실력자들이 하루가 멀다 하고 찾아오는 눈치였다.

부사는 하는 수 없이 채씨 부인의 정려를 청하는 글을 쓰기로 했다. 그런데 사건은 전혀 예기치 못한 방향으로 흘러갔다.

"무슨 일인데 눈치만 보고 말을 못 하느냐?"

하루는 부사가 밥상을 치우러 온 하녀에게 물었다. 하녀가 뭔가 할 말이 있는 것 같은데 계속 눈치만 살피며 우물쭈물하는 기색이었던 것이다.

"하도 어처구니없는 소문이라 말씀드려야 할지, 말아야 할지……."

하녀가 망설이며 아뢴 이야기는 채씨 부인에 관한 것이었다. 채씨 부인에 대한 소문이 마을에 떠돈다며 들려주는데, 그 내용이 부사의 귀를 의심케 하는 것들이었다.

'외간 남자랑 정분이 나서 도망치다 그리된 거라며?'

'자살한 걸 보면 양심은 있었던 모양이지?'

'함께 도망치던 사내가 빠트렸다고 하던데?'

'남 진사는 그렇게 인륜과 정절을 강조하시더니만 정작 며느리 단속은 못하셨군그래.'

부사가 아랫사람을 시켜 은밀히 알아보니, 채씨 부인의 부정에 대한 소문은 꽤 많이 퍼져 있었다.

소문대로라면 채씨 부인이 함께 달아나려 했다는 사내를 찾아야 할 일이었다. 시신이 발견된 곳을 중심으로 샅샅이 탐문한 결과, 얼마 전 새벽에 강가에 함께 있는 남녀를 보았다는 승려를 찾아냈다.

"무슨 사연인지 여인이 남자에게 한참 사정을 하던데 남자가 매정하게 뿌리치고 돌아섰습니다. 처음에는 부부인가 했는데, 나중에 남자만 마을 쪽으로 걸어갔습니다. 얼굴은 잘 보지 못했습니다."

승려는 그러면서 한마디를 덧붙였다.

"아 참, 남자는 걸음이 불편해 보였습니다."

순간 떠오르는 사람이 있었다. 부사도 나와 같은 생각인 것 같았다.

"채씨 부인과 함께 있던 사람은 그 오라비가 분명하오."

"그러고 보면 시신이 발견된 날 친정 오라비가 현장에 바로 나타난 것도 이상합니다."

부사는 즉시 채씨 부인의 친정 오라비인 채문설을 불러오라 일렀다.

"걸음이 불편하신 모양이오?"

채문설이 나타나자 부사가 인사를 건네며 지나가는 투로 물었다.

"과거 보러 한양에 갔다가 무뢰배에게 걸려 고초를 좀 치렀습니다. 지금은 많이 나아졌지만 후유증이 좀 있습니다."

무심히 대답하는 채문설에게 부사는 승려에게 들은 이야기를 꺼냈다.

"누이동생이 웬 남자랑 강가에 함께 있는 걸 본 사람이 있소이다."

"그 아이가 외간 남자랑요? 그, 그런, 말도 안 되는······."

당황해서 말까지 더듬는 채문설에게 부사가 쐐기를 박듯 한마디 툭 던졌다.

"그 사람 걸음이 불편해 보였다고 합니다."

채문실은 눈만 화등잔만 해진 채 아무 말도 하지 못했다.

무뢰배 ··· 일정한 직업이나 소속된 곳 없이 돌아다니며 나쁜 짓을 일삼는 사람.

"동생에 대한 소문을 들었소만······."

부사가 차마 소문의 내용까지는 말을 못하고 말끝을 흐렸다.

채문설은 두 손으로 얼굴을 감싼 채 가만히 있더니 체념한 듯 사실을 털어놓았다. 채문설은 누이동생이 외간 남자와 정을 통했다는 이야기를 듣자 너무 화가 나 죽음으로 결백을 증명하라고 했단다.

"가문의 명예를 더럽혔으니 그 길밖에 없다고 생각했습니다."

채씨 부인은 그게 무슨 소리냐며 억울함을 호소했다고 한다. 안채에만 갇혀 지내는데 어찌 외간 남자를 만날 수 있겠느냐면서. 하지만 채문설은 그런 소문이 난 것 자체가 치욕이라며 화를 냈고, 눈물로 호소하던 채씨 부인은 결국 남편을 따라 죽지 않아 이런 욕을 당하는 것이라며 강물에 뛰어들었다.

"순간 아차 싶었지만 차라리 잘되었다 싶었습니다. 그렇게라도 결백을 주장해야 그 아이 시댁의 명예도 살고 우리 집의 명예도 사는 것이라 생각했습니다."

채문설은 고개를 떨군 채 소리 죽여 흐느꼈다.

채문설이 동생을 직접 물에 빠트린 것은 아니니 살인죄를 물을 수는 없다. 물론 다른 사람을 협박해서 죽게 했다면 처벌을 받지만 "간음한 아낙을 죽인 경우에는 죄를 묻지 않는다."라는 법이 있으니 채문설은 무죄일 수도 있다. 문제는 채씨 부인이 정말로 부정을 저질렀느냐 하는 것이다.

"동생이 부정을 저질렀다는 건 어떻게 알았소?"

채문설은 남 진사에게서 이야기를 들었는데, 남 진사가 은근슬쩍 자결 이야기를 꺼냈다고 한다. 죽음으로라도 결백을 주장해야 한다면서.

남 진사는 그런 적이 없다면서 펄쩍 뛰었다.

"며느리 이야기를 전해 주기는 했지만 잘 타이르라고 했지 죽이라고 한 적은 없소이다."

그러면서도 남 진사는 이런 이야기가 밖에 알려지지 않게 단속해 달라는 부탁을 잊지 않았다.

"며느님이 외간 남자와 만나는 것을 본 적이 있으십니까?"

남 진사는 직접 목격한 것은 아니지만 사촌에게서 이야기를 들었다 했다. 하지만 그 사촌은 자신의 부인에게서 들은 말이라 했고, 그 부인은 하녀에게서 소문을 들은 것 같다고 했다.

소문을 추적하다 보니, 이상하게도 소문을 들었다는 사람은 많은데 정작 현장을 목격한 사람은 없었다. 서로 남에게 들은 이야기라고 했고, 문제의 외간 남자에 대해서도 저마다 이야기가 달랐다.

"이거야 원, 여러 사람의 입은 쇠도 녹일 수 있다더니! 소문이 사실인지 확인해 볼 생각은 안 하셨소?"

부사가 답답한 듯 채문설을 다그쳤다.

채문설도 남 진사에게 먼저 사실 확인을 해 보자고 했단다. 하지만 만에 하나 소문이 사실로 밝혀질 경우 타격이 너무 크다며 남 진사가 꺼렸다는 것이다.

"진사 어른께서는 그런 소문이 났다는 자체가 치욕이라 하셨습니다. 그리고…… 제가 관직에 나가는 데도 지장이 있을 거라 하셨고요. 제가, 제가 어리석었습니다. 가엾은 것!"

채문설은 뒤늦게 동생에 대한 죄책감이 몰려오는지 눈물을 펑펑 쏟았다. 그런 채문설을 부사도 나도 답답한 마음으로 바라볼 뿐이었다.

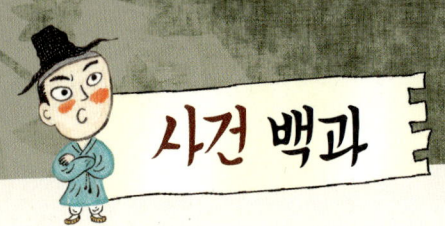

◆ 직접 죽이는 것만이 살인은 아니다

▲〈장옷 입은 여인〉 사대부 여성들은 외출도 마음대로 할 수 없었고, 밖에 나갈 때에는 얼굴을 가려야 했다. 신윤복 그림.

다른 사람에게서 심한 협박을 받거나 절박한 상황에 내몰린 사람이 스스로 목숨을 끊는 경우가 종종 있다. 이런 경우 협박을 한 사람은 장 100대로 처벌받았고, 장례비에 쓰도록 은 열 냥을 내야 했다. 직접 사람을 죽이지 않더라도 죽음의 원인을 제공했다면 책임을 져야 했던 것이다. 부모를 비롯한 집안 어른을 협박한 경우에는 인륜을 어긴 죄가 더해져 사형에 처했다.

남에 대한 근거 없는 말을 퍼뜨려서 소문의 주인공이 수치심을 견디지 못하고 목숨을 끊었다면 이 역시 처벌받았다. 이 경우는 특히 여성의 자살과 관련된 것이 많았다. 여성은 정절을 목숨보다 중히 여겨야 한다는 유교의 사고방식 때문에, 자신의 행실에 대한 나쁜 소문만 돌아도 수치스럽게 여겨 자살하는 여성이 많았기 때문이다. 또, 남성에게 희롱을 당했을 때 수치심을 느껴 자살하는 경우도 있었는데, 이 경우에도 남성에게 죽음에 대한 책임을 물었다.

◆ 익사 사건에서 자살과 타살 가려내기

물에서 발견된 시신은 자살인지 타살인지 가려내기가 까다로웠다. 익사한 것인지 아니면 죽은 뒤 물에 빠트린 것인지는 검시로 알아낼 수 있지만, 익사한 경우라도 강제로 빠트렸을 수도 있기 때문이다. 또, 몸에 맞은 흔적이 있다고 해서 타살로 볼 수만은 없었는데, 그 상처와 관계없이 물에 빠졌을 수 있기 때문이다. 이런 경우에는 구타 사건과 관계없이 익사로 간주했다.

◆ 열녀문은 어떻게 내려지는가

정려란 충신·효자·열녀가 사는 동네에 붉은 칠을 한 정문을 세워 표창하는 것으로, 열녀문이니 효자문이니 하는 것이 그것이다. 고을의 유학자가 모범이 될 만한 인물을 추천하거나 수령이 직접 그런 인물을 찾아내 관찰사에게 보고했고, 관찰사는 다시 중앙의 예조에 보고했다. 예조에서는 의정부의 심사를 거친 후 국왕의 허락을 받아 정려를 내렸다. 이 과정을 거치느라 결정이 나기까지 몇 년씩 걸리는 게 보통이었다.

▶ 열녀비

여성의 절개와 가문의 명예

유교 사회인 조선에서는 정절을 여성이 지켜야 할 최우선 덕목으로 보았다. 남편이 아무리 일찍 죽어도 평생 혼자 살아야 하는 것은 물론, 심지어 남편을 따라 죽어야 진정한 열녀라고 생각할 정도였다.

◆ 정려를 통해 열녀 찬양하기

나라에서는 열녀에게 정려를 내림으로써 본인을 칭찬하는 동시에 널리 알려서 모범으로 삼게 했다. 정려를 받은 집안은 세금을 면제받거나 신분이 올라가기도 했는데, 특히 유교 윤리를 목숨처럼 여기는 사대부 집안에는 무엇보다 큰 명예였다. 그러다 보니 힘 있는 가문에서 계속 정려를 받아 내는가 하면, 정려를 받기 위해 억지로 열녀를 만드는 일까지 벌어졌다.

◆ 후손에게 불이익을 안기기

양반 가문의 여성으로서 행실이 좋지 않거나 세 번 이상 시집을 간 사람은 조정에서 따로 명단을 만들어 관리했다. 이런 여성의 자손들은 과거도 칠 수 없고 사회생활에서 큰 불이익을 당했다. 양반들은 이 명단에 이름이 올라가는 것을 엄청난 수치로 여겼기 때문에 정절을 어긴 여인에게 자살을 강요하거나 심지어 살해하는 일까지 있었다.

◆ 무조건 남편을 따라 죽는 것은 옳지 않다

　다산 정약용의 친척 동생이 죽자 그 아내가 슬퍼하다가 자살한 일이 있었다. 친지들이 정약용에게 정려를 신청하는 글을 부탁했는데, 정약용은 이를 거절했다. 남편의 목숨을 구하기 위해서 혹은 강제로 정절을 잃게 되었을 때 이를 피하기 위해서라면 모를까, 단지 남편이 죽었다고 해서 무조건 따라 죽는 것은 의로운 일이 아니라는 이유였다. 정약용은 이런 죽음을 무조건 표창하는 것은 옳지 않다고 보았다.

◆ 목숨을 버려야만 열녀인가

　연암 박지원은 《열녀함양박씨전》이라는 소설에서 지나친 열녀 되기 열풍을 비판했다. 재혼한 여성의 자손이 관직에 나갈 수 없다는 것은 양반에게만 해당되는 것인데도 벼슬과 상관없는 백성들까지 재혼을 꺼리고, 심지어 남편을 따른다며 스스로 목숨을 버리는 일이 너무 흔히 벌어진다는 것이다. 박지원은 절개를 지키는 것은 좋지만 그 정도가 지나쳐 문제라고 보았다.

◀〈김씨사적〉
왜구에게 욕을 당할 수 없다며 목숨 걸고 저항한 김씨 여인의 이야기를 담은 그림이다. 《삼강행실도》에 실려 있다.

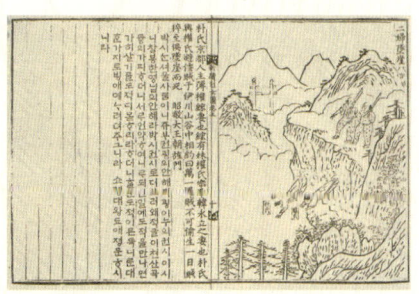

▲〈이부추애〉 왜구를 만나자 정절을 잃지 않기 위해 절벽에서 몸을 던진 두 여인의 이야기를 그린 것이다. 《동국신속삼강행실도》에 실려 있다.

사건 5
죽었다던 사람이
살아서 나타나다

　　　　　　동래에 도착하기 얼마 전 밀양을 지날 때였다. 사람들이 모이는 곳마다 술렁거리기에 큰 사건이라도 터졌나 싶었는데, 5년 전 죽은 사람이 다시 나타난 일로 고을이 시끄럽다고 했다.

"길준이가 길우를 죽이는 걸 본 사람이 있다며?"

"그러게. 그래서 길준이가 잡혀가지 않았나!"

"그럼 지금 저 사람은 도대체 누구야?"

사람들은 모였다 하면 마길우라는 사람 이야기를 하며 웅성거렸다.

조각조각 들은 이야기를 모아 보니, 5년 전 마길우라는 사람이 살해당했는데 그 범인으로 동생 마길준이 체포되었다고 한다. 마길준은 끝까지

범행을 부인하다가 옥에서 죽었는데, 그때 살해당했다는 마길우가 멀쩡하게 살아서 나타났다는 것이다.

살해당했다더니 몇 년 만에 살아서 나타난 사람과, 형을 살해했다는 죄를 쓰고 죽은 동생이라……. 뭔가 사연이 있을 것 같아 좀 더 자세히 알아보았다.

이야기는 15년 전으로 거슬러 올라간다.

마길우는 제법 부유한 집안의 장남이었다. 가족으로는 아버지와 동생 마길준 내외, 누이와 매형 최유집이 있었다. 마길우는 결혼하고 한참이 지나도록 아이기 없었는데 이 일로 집안에 불화가 일어났다.

"너는 이 집을 이어받을 장남인데 아들이 없어서야 되겠느냐?"

마길우는 첩이라도 들이라며 성화를 부리는 아버지와 자주 다투었고, 아내는 그로 인해 우울증에 시달리다 죽고 말았다. 마길우는 집에 정을 못 붙이고 밖으로 돌더니 어느 날 사라져 버렸다.

"아이고, 길우야! 이 애비가 잘못했다."

늙은 아버지는 몸져누웠고, 형제들이 백방으로 알아보았지만 마길우의 행방을 찾을 수 없었다.

그렇게 세월이 흘러 10년이 지난 어느 날, 매형인 최유집이 다른 지방에 갔다가 마길우를 우연히 만났다며 함께 돌아왔다.

"가족들 볼 낯이 없다며 안 오겠다는 것을 겨우 설득했습니다."

마길우는 쑥스러운 듯 별 말도 없이 최유집 옆에 우두커니 서 있기만 했다.

"길우야! 어디 갔던 거냐, 응? 다시는 애비 곁을 떠나지 말거라."

아버지는 큰아들이 돌아왔다며 기뻐 어쩔 줄을 몰랐다. 그런데 길준이 사내를 뚫어져라 쳐다보다가 고개를 저었다.

"아무리 봐도 우리 형님이 아닌데, 대체 뉘시오?"

마길준의 반응에 최유집은 크게 당황했다.

"처남, 그게 무슨 소린가? 자네 형도 몰라보는가?"

"내가 형을 몰라볼 리 있습니까? 그래서 이 사람더러 아니라고 하는 겁니다."

마길준이 강하게 부정했지만 최유집은 함께 온 사내가 진짜 마길우가 맞다고 주장했다. 길준이 의심스러운 마음에 이것저것 물어보았는데 사내는 집안 사정을 훤히 알고 있었고, 친척인 마득지까지 나서서 길우가 맞다고 확신했다.

"그동안 고생이 심했는지 얼굴이 좀 변하긴 했지만 길우가 맞군그래. 고개를 까딱거리며 걷는 버릇은 여전하네그려!"

아버지는 왜 형한테 못되게 구느냐며 역정을 냈고, 마길준은 그저 답답할 뿐이었다.

'아버님은 왜 저자가 가짜임을 모르신단 말인가?'

아마도 오랜 병으로 정신이 혼미한 데다 큰아들이 집을 나간 것이 당신 때문이었다는 죄책감 때문에 제대로 사리 분별을 못 하시는 것 같았다. 마길준은 어쩔 수 없이 사내를 형으로 대접했지만 못내 찜찜한 마음을 지울 수 없었다.

마길우에게 데면데면하게 굴던 마길준이 하루는 먼저 말을 걸었다.

"호패는 어쩌셨소?"

"타지를 떠돌던 중에 잃어버리고 말았구나."

마길우가 대수롭지 않다는 듯 대답했다.

마길준은 돌아서서 깊게 한숨을 토해 냈다. 사실 마길우의 호패는 마길준이 가지고 있었다. 집을 나가기 얼마 전 마길우가 술에 취해 호패를 팽개친 적이 있는데 그때 마길준이 챙겨 두었던 것이다.

마길준은 형이라며 나타난 사내가 가짜라고 확신하게 되었고, 급기야 진실을 가려 달라며 관아에 소송을 냈다. 소송을 내기 위해 확인한 호적 대장에는 마길우의 이름이 선명히 적혀 있었다.

"그러니까, 여기 적힌 이 형이 실종됐다가 나타났는데 가짜 같단 말이지? 세상에 별 희한한 일을 다 보겠구먼."

이방은 고개를 갸웃하며 소송을 접수하더니 조만간 재판을 열 테니 반드시 마길우와 함께 오라고 했다.

그런데 재판을 시작하기도 전에 마길우가 또 사라져 버렸다.

"흥, 제 발이 저려서 도망친 모양이지."

마길준은 일이 저절로 해결되어 도리어 다행이라고 생각했는데, 느닷없이 나졸들이 들이닥쳤다.

"네 이놈! 아무리 재산이 탐나기로서니 형을 죽인단 말이냐?"

영문도 모른 채 끌려온 마길준에게 사또가 호통을 쳤다. 형이 나타나는 바람에 재산을 물려받지 못하게 되자 마길준이 형을 살해했다는 신고가 들어왔다는 것이다. 신고를 한 사람은 매형인 최유집이었다.

마길준이 말도 안 되는 소리라며 펄쩍 뛰었지만 증인까지 나타났다. 사내가 나타났을 때 마길우가 맞다고 우기던 마득지였다. 마득지는 마길준이 형을 죽인 후 강물에 던지는 모습을 봤다고 했다.

"세상에! 제 형을 죽이다니, 인간의 탈을 쓰고 어떻게!"

"아무리 재산이 탐나도 그렇지 원, 쯧쯧."

고을은 벌집을 쑤셔 놓은 듯 시끄러웠고 마길준을 향한 비난이 쏟아졌다. 밀양 부사는 마길준의 자백을 받아 내기 위해 온갖 고문을 가했다. 증인이 있다 해도 범인 자신의 자백이 있어야만 유죄로 확정할 수 있기 때문이다.

마길준은 모진 고문을 견디지 못해 죽고 말았다. 병으로 누워 있던 아버지는 충격으로 세상을 떠났고, 아내는 수치심을 이기지 못해 강물에 몸을 던졌다. 어린 아들은 외가에서 데려갔지만 극악한 살인범의 아들이라는 꼬리표가 붙었으니 앞길이 캄캄할 뿐이었다.

이렇게 형제의 집안은 풍비박산이 났고, 유일하게 남은 누이와 매형 최유집은 끔찍한 기억을 잊고 싶다며 재산을 정리해 타지로 떠났.

마길우와 마길준 형제 이야기는 고을 사람 대부분이 기억하고 있었다.

"동생이 형을 죽인 끔찍한 사건인데 어찌 잊겠소?"

"그때 고을 분위기 정말 흉흉했었지."

이야기를 들려준 사람들은 생각만 해도 끔찍하다는 듯 몸서리를 쳤다. 그런데 동생에게 살해당했다던 마길우가 멀쩡히 살아서 나타난 것이다!

"어떻게 이럴 수가? 아버님! 길준아!"

마길우는 폐허가 돼 버린 집 앞에서 통곡했다. 사람들이 몰려와 대체

풍비박산 ⋯ 바람이 불어 우박이 사방으로 날아 흩어지는 것처럼 엉망으로 깨어져 버린다는 뜻.

어떻게 된 일인지 물었다.

마길우는 아버지와 다툼도 피할 겸 잠시 세상 구경이나 하다 올 생각이었다고 한다. 이곳저곳을 떠돌던 마길우는 전라도 해남에서 사공을 한 명 알게 되었는데, 그를 따라 제주도 가는 배에 타게 되었다. 집으로 돌아가기 전에 큰 바다나 한번 보자는 생각이었

다. 그런데 배가 폭풍우에 휩쓸려 멀리까지 표류했고, 간신히 뭍에 닿아 목숨은 건졌지만 고향에 돌아오기까지 여송(필리핀)과 안남(베트남) 등을 십 년 가까이 떠돌았다.

중국을 통해 돌아온 마길우와 일행은 조정에서 조사를 받았는데, 마길우의 이름과 고향 등을 묻던 관리는 고개를 갸우뚱하더니 몇 번이나 다시 확인했다. 5년 전 조정에서 논란이 되었던 사건이 생각났던 것이다.

당시 조정에서는 무리하게 고문을 가해 마길준을 죽게 한 밀양 부사를 처벌할 것인가를 두고 논란이 있었다. 극악한 죄인을 다스리다 벌어진 일이니 불문에 붙여야 한다는 의견도 있었지만, 시신도 없는 사건에 증인 밀민 믿고 어찌 마길준을 범인으로 단정 지었냐는 반론도 있었다. 이

일은 결국 책임을 묻지 않는 쪽으로 결론이 났다.

관리는 기록을 다시 뒤져 본 결과, 눈앞에 있는 마길우가 5년 전 살해되었다던 마길우라는 것을 알게 되었다.

보고를 받은 주상께서는 당장 사건을 재조사하라고 엄명을 내리셨다.

난데없는 소식에 밀양 관아가 발칵 뒤집혔고, 부사는 마길준이 형을 살해하는 현장을 봤다고 증언했던 마득지부터 잡아들였다.

"분명히 마길우가 살해되는 모습을 보았느냐? 그렇다면 지금 멀쩡히 살아 있는 저 마길우는 어떻게 된 것이냐? 왜 그런 거짓 증언을 했느냐? 이실직고하지 않으면 물고를 낼 것이야!"

마득지는 눈앞에 마길우가 서 있는 데다 부사가 서슬 퍼렇게 추궁하자 부들부들 떨다가 바닥에 엎어져 흐느꼈다.

"자, 잘못했습니다. 저, 저는 최유집이 시킨 대로 한 것뿐입니다."

곧이어 현풍으로 이사해 살고 있던 누이와 매형 최유집이 붙들려 왔다. 최유집은 마길우를 보자 기절초풍하더니 곧 체념한 듯 사실을 털어놓았다.

최유집은 다른 지방에 갔다가 마길우와 아주 닮은 사람을 만나게 되었는데, 그 순간 처가의 재산을 차지할 수 있겠다는 욕심이 생겼다고 한다. 최유집은 그 사람을 꼬드겨 마길우 행세를 하게 했고, 혹시 모를 가족들의 의심을 막기 위해 친척인 마득지도 끌어들였다. 하지만 마길준이 의

물고를 내다 ⋯ '죽이다'를 속되게 이르는 말.

심을 거두지 않더니 끝내 소송까지 내자 가짜 마길우를 도망시킨 뒤 마길준에게 살인 누명을 덮어씌웠던 것이다.

진실은 밝혀졌지만 이미 마길준은 억울하게 죽은 뒤였다. 누명이 벗겨진 것은 그나마 다행이지만 목숨을 되돌릴 수는 없지 않은가! 또, 억울하게 희생된 가족의 목숨은 누가 책임진단 말인가!

시신도 없이 살해 현장을 봤다는 자의 말만 믿고 마길준을 범인으로 몰고 간 허술한 수사가 한 집안을 몰락시킨 것 아닌가! 사건을 다룰 때는 신중하고 또 신중해야 한다는 흠흠 선생의 말씀이 새삼 묵직하게 다가온다.

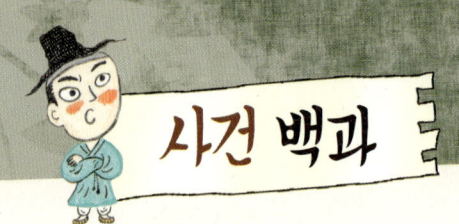
사건 백과

◆ 누구나 소송을 걸 수 있다

법으로 시시비비를 가리는 재판은 크게 형사 재판과 민사 재판으로 나뉜다. 형사는 범죄 행위를, 민사는 개인 간의 다툼을 다루는 것이다. 민사 재판은 개인이 소송을 걸었을 때 시작되는데, 조선 시대에도 개인이 문제를 해결해 달라며 관에 소송을 내는 일이 많았다. 소송은 누구나 제기할 수 있었는데, 여성은 물론 노비나 죄수도 억울한 일이 있으면 소송을 제기했다.

◀〈길거리 송사〉 수령이 술에 취한 채 길거리에서 재판하는 모습을 통해 무성의하게 송사를 처리하는 행태를 풍자했다. 김홍도 그림.

◆ 가족 관계를 기록해 놓은 호적

소송을 걸 때는 신분을 증명하기 위해 관청에서 호적 대장을 확인했다. 호적 대장은 가족 관계에 관해 기록해 놓은 문서로, 나라에서 3년마다 호구 조사를 실시해 작성했다. 호적에는 가족의 대표인 호주를 중심으로 거주지, 본관, 직역, 4조(아버지·할아버지·증조부·외조부)의 직역과 이름, 함께 사는 가족, 노비 등을 기록했다.

◆ 개인의 신분을 증명해 주는 호패

가족이 모두 기록된 호적 대장과 달리 개인의 신분을 밝혀 주는 것으로 호패가 있었다. 오늘날의 주민 등록증과 비슷한 것으로 호패법에 따라 16세 이상의 남성은 모두 호패를 차고 다녀야 했다. 신분에 따라 호패의 재질과 적는 내용이 달랐는데 이름과 태어난 해, 지위, 거주지 등이 적혀 있었다. 호패 주인이 죽으면 관에 납부하여 불살랐다.

▲ 호패

◆ 재산은 누구에게 물려주나

조선 시대 기본 법전인《경국대전》에서는 아들과 딸, 첫째와 둘째 같은 구별 없이 모든 자녀에게 똑같이 재산을 물려주도록 규정했다. 결혼한 여성은 친정에서 물려받은 재산을 남편 재산과 따로 관리했고, 자식들에게 상속할 때도 부부가 각자 했다. 자식이 없이 죽으면 친정에 재산을 되돌려 주었다. 하지만 후기로 갈수록 유교의 장자 계승 원칙이 굳어지면서 큰아들이 재산과 제사를 모두 물려받는 일이 많아졌다.

▲ 흥부와 놀부 모형 《흥부전》에서는 큰아들이 재산을 모두 차지하는 모습을 볼 수 있다.

어떤 관청에서 죄를 다루었나

지금은 국가 권력이 행정·사법·입법으로 나뉘어 있고, 범죄를 다루는 일은 경찰과 검찰이, 재판은 법원이 한다. 하지만 조선 시대에는 이런 구분이 뚜렷하지 않았고 범죄를 다스리는 관청도 여러 곳이었다.

◆ 죄인을 잡아 가둘 수 있는 곳

죄인을 체포하고 가둘 수 있는 관청으로는 형조, 한성부, 사헌부, 승정원, 의정부, 홍문관, 예문관, 의금부, 포도청 등이 있었다. 이 관청들이 범죄를 전문적으로 다룬 것은 아니고, 주어진 업무를 하면서 그 일에 관련된 범죄가 생겼을 때 단속하는 식이었다.

▲〈의금부〉 왕의 직속 기관으로서 반역죄 같은 중대 범죄를 주로 다루었다. 정선 그림.

◆ 법과 관련된 일은 형조로

각종 범죄나 재판에 관한 일을 두루 맡아 본 곳은 형조이다. 형사 사건과 민사 사건 모두 형조에서 일단 모았다가 내용에 따라 해당 관청으로 보냈다. 관원에 대한 것은 의금부, 절도 사건은 포도청, 토지나 노비에 관련된 소송은 한성부로 보내고 나머지를 형조에서 처리했다.

◆ 도적 잡는 전문 기관으로 시작된 포도청

포도청은 처음에 도적 잡는 일을 목적으로 설치되었는데, 좌포도청과 우포도청 두 곳을 설치하고 포도대장도 각각 두었다. 포도군사(포졸)는 육모 방망이와 붉은 오라를 허리에 차고 다니며 도적을 소탕했고, 도성 경비, 야간 순찰, 도박 단속, 화재 감시 등도 맡았다. 사회가 변화하면서 새로운 범죄들이 생겨나자 포도청의 활동 영역도 점차 넓어졌다.

▲〈죄인 망신 주기〉 죄인을 묶은 붉은 오라를 잡고 있는 포졸의 모습이 보인다. 김준근 그림.

◆ 지방의 법질서를 책임진 수령

지방에서는 해당 고을의 수령이 범죄 사건을 수사하고 판결도 내렸다. 하지만 모든 죄인을 처벌할 수 있는 것은 아니었다. 현감이나 군수 같은 수령은 태형에 해당하는 작은 범죄만 직접 처벌했고, 장형 이상의 죄에 대해서는 반드시 관찰사의 지시를 받아야 했다. 관찰사는 유배형까지 판결할 수 있었다.

▲ 낙안읍성 관아

나라에서 금지하는 무역을 하다

 동래에 온 것은 이곳에 부사로 계신 아버님 친구분을 뵙기 위해서였다. 아버님과 같은 해에 과거 급제한 인연으로 형제처럼 가깝게 지내시던 분이다. 아버님처럼 믿고 따르던 부사 어른을 뵈니 아버님에 대한 그리움이 더욱 진해졌다.

"아직도 출사에 뜻이 없느냐?"

어르신께서 조심스럽게 물으셨다. 내가 과거에 급제했을 때 누구보다 기뻐하셨던 터라 관직을 마다하고 떠도는 것이 안타까우신 모양이었다.

"조금만 더 세상 구경을 해 볼까 합니다."

"그래, 젊을 때 견문을 넓히는 것도 좋지. 하지만 세상일에는 다 때가 있는 법이니 신중하게 생각해 보거라."

부사 어른께서는 더 이상 관직에 대한 이야기를 꺼내지 않으셨다.

머릿속에는 앞날에 대한 고민이 가득했지만, 부사 어른의 배려로 바다도 구경하고 온천도 즐기며 여유를 부려 보았다.

동래부에는 다른 곳에는 없는 특별한 시설이 있는데, 부산포의 초량소산에 있는 왜관이 바로 그것이다.

초량소산 … 부산광역시 중구에 있는 용두산을 말한다. 공원으로 조성되어 있고 정상에 부산 타워가 있다.

억울한 백성이 없도록 하라

왜관은 무역을 하기 위해 우리나라에 온 왜인들이 거주하는 곳으로, 왜인들은 이곳에만 머물러야 하고 물건 거래도 이곳에서만 할 수 있다. 조선 상인 역시 동래부에서 허가받은 사람만 왜관을 출입할 수 있고, 정해진 날짜에 일정한 양만 거래해야 했다.

나라에서 허락한 것 외에 개인끼리 거래하는 것은 엄격히 금지했는데, 몰래 거래하다 들키면 사형으로 처벌할 정도였다. 그런데도 밀무역이 좀처럼 그치지 않았고, 통사(역관)나 왜관 정문을 지키는 군사들과 내통하기 때문에 적발이 쉽지 않았다. 심지어 일본에 가서 거래를 하고 나서는 난파당해 떠밀려 간 것이라고 거짓말을 하는 경우까지 있다고 한다. 이렇게까지 밀무역이 극성인 것은 이익이 워낙 많이 남기 때문이다.

왜관이 있는 초량촌을 한번 가 볼까 하던 어느 날, 장교익이라는 통사가 괴한에게 습격을 당하는 사건이 벌어졌다. 장교익은 골목길에 피투성이가 되어 쓰러져 있었는데, 왜관에 생선을 팔러 가던 어부가 발견했다고 한다.

왜인들은 마음대로 밖에 나와 돌아다닐 수 없기 때문에 아침이면 인근 주민들이 쌀이며 생선, 채소 같은 것들을 왜관 앞에 가지고 와서 장을 펼쳤다. 이 어부도 생선을 팔러 자주 다녔던 터라 쓰러져 있는 사람이 왜관에서 일하는 관리라는 것을 알았고, 덕분에 신속하게 관아에 소식이 전해질 수 있었다.

장교익은 다행히 목숨이 붙어 있었지만 의식 불명이었다. 몸의 상처를 보니 날카로운 흉기에 찔린 곳도 있고 둔기로 얻어맞은 듯 검붉게 부어오른 곳도 있었다. 아마도 장교익을 살해하려다 실패한 것 같았다.

가족들 말에 의하면 장교익은 전날 밤 왜관에서 찾아온 서리와 함께 나갔다고 한다.

"아마 삼경이 다 된 시간이었지요? 누군가 다급하게 문을 두드려서 나가 봤더니 왜관에서 온 서리라고 했습니다."

"제가 따라가겠다고 했더니 별일 아니니 금방 돌아오겠다며 혼자 가셨습니다."

하인들의 증언은 대체로 일치했고 별달리 의심 가는 점이 없었다.

"날이 밝은 뒤에 가시라고 했더니 촉각을 다투는 일이라며 서둘러 나가시더니……. 범인을 꼭 잡아 주십시오!"

장교익의 부인은 의식 불명인 남편 때문에 애를 태우고 있었다.

삼경

조선 시대에는 하룻밤을 다섯 '경'으로 나누고, 경을 다시 다섯 '점'으로 나누었다. 1경은 오후 7시~9시이고 5경은 오전 3시~5시이다. 삼경은 밤 11시에서 새벽 1시 사이로, 깊은 밤이라는 뜻으로도 쓰인다.

서리 … 중앙이나 지방의 관아에서 일하던 하급 관리. 이서 또는 아전이라고도 한다.

가족들의 호소도 호소려니와 나라의 관리가 습격을 당했으니 예사로 넘어갈 일은 아니었다. 하지만 피해자는 의식 불명이고 밤중에 일어난 일이라 목격자도 없으니 해결이 쉬울 것 같지 않았다.

우선, 범행 동기부터가 아리송했다. 제법 부유하게 살던데, 재물을 노린 범행일까? 하지만 재물을 노린 것이라면 장교익을 밖으로 유인해 낼 필요가 없었을 것이다. 아니면 장교익이 누군가에게 원한을 샀던 것일까?

장교익은 사건 당일 왜관에서 왔다는 사람을 따라 나갔다. 하지만 왜관에서는 그날 별일이 없었고, 장교익을 부른 적도 없다고 했다. 누군가 왜관 서리인 척하면서 장교익을 불러냈다는 것인데, 별말 없이 따라간 것을 보면 서로 아는 사이였을 것이다. 정말 원한 때문이었을까?

이제나 저제나 장교익의 정신이 돌아오기만 기다리고 있는데 형방이 피 묻은 몽둥이를 하나 들고 나타났다.

"장 통사가 발견된 곳과 멀지 않은 개울가에서 발견했습니다. 범인들이 버리고 간 것 같습니다."

몽둥이는 장교익의 집 울타리에 박혀 있었던 것으로 확인되었다.

"그 집 울타리에서 몽둥이를 뽑아 쓴 걸 보면 가까운 사람의 소행 같습니다. 이웃이나 하인 중에서 찾아보는 게 어떨지요?"

형방이 아뢰었지만 이방의 생각은 달랐다.

"하지만 몽둥이는 가까운 사이가 아니어도 아무나 뽑을 수 있지 않습니까."

사건의 유일한 단서가 나왔지만 별 도움은 되지 않은 셈이다.

며칠 후 장교익이 깨어났다는 연락을 받고 군관이 급히 달려갔다. 장교익은 겨우 말을 할 수 있을 뿐 여전히 자리에 누워 있었다.

"누가 이런 짓을 한 거요?"

"모르는 사람들이 갑자기 달려들었소."

"그날 밤 왜관에서 온 사람이랑 함께 나갔다던데, 그 사람은 누구요?"

"그건······."

장교익은 더 이상 대답을 않고 눈을 감으며 돌아누웠다. 범인을 알면서도 숨기는 게 분명했다.

부사는 왜관에서 일하는 사람들은 물론 무역을 위해 드나드는 상인들까지 일일이 신문해 보았다. 하지만 다들 영문을 알 수 없다는 반응뿐이었다.

"뭔가 숨기고 있는데……."

부사는 짚이는 게 있는 눈치였지만 증거가 없으니 속수무책이었다.

부사는 결국 밀고를 받기로 했다. 밀고를 받으면 죄 없는 사람을 모함하는 일이 벌어질 수 있기 때문에 보통은 이 방법을 쓰지 않는다. 하지만 워낙 해결의 실마리를 찾기가 어려워 극약 처방을 하게 된 것이다.

먼저 조정에 아뢰었더니 "밀고한 일이 확실하지 않으면 신문하지 말고, 의심스럽더라도 뚜렷한 증거가 없으면 석방하라."라는 지시가 내려왔다.

얼마 후 신고자가 나타났다. 일본에서 조선으로 귀화한 송귀조라는 자였다.

"통사인 홍순제, 김득시가 최근 장교익과 자주 다투었습니다. 형제처럼 어울리던 사람들인데 얼마 전부터 험악한 말을 써 가며 싸우길래 이상하게 생각하던 중이었습니다."

귀화 … 다른 나라의 국민이 되는 일.

나졸들이 홍순제와 김득시의 집으로 출동했다. 김득시는 외가인 진주에 다니러 가고 없었고, 홍순제만 붙들려 왔다.

"통사 장교익을 습격한 것이 너렷다?"

부사의 추궁에 홍순제는 말도 안 되는 소리라며 펄쩍 뛰었다.

"요즘 들어 장 통사랑 사이가 안 좋았던 건 사실입니다만, 그렇다고 어찌 죽일 생각을 한단 말입니까?"

"괴한이 애초에 장 통사를 죽일 작정이었다는 건 어찌 아느냐?"

"저, 그, 그것이…… 장 통사의 상태가 워, 워낙 심각해서, 그래서 그리 짐작했을 뿐입니다."

"사이가 틀어졌다면서 병문안을 갔던 것이냐?"

"그, 그것은…… 전해 들은 겁니다만, 아무튼 전 아무 짓도 하지 않았습니다. 어, 억울하옵니다!"

홍순제는 당황하는 기색이 역력했지만 범행만은 강하게 부인했다.

홍순제가 억울하다는 말만 되풀이하고 있던 중, 김득시를 잡기 위해 진주로 갔던 군관 조명기가 돌아왔다. 조 군관은 부사와 뭔가 의논하더니 홍순제가 갇혀 있는 옥으로 갔다.

김득시를 잡아 왔다는 조 군관의 말에 홍순제의 눈빛이 잠시 흔들렸다.

"김 통사는 지금 어디 있는 겁니까?"

"김 통사는 자네가 시킨 대로 했을 뿐이라더군. 그래서 부사 어른께 사실대로 말씀드리고 용서를 빌라고 했네. 단순 가담만 한 사람은 죄가 덜 무겁지 않겠나?"

"먼저 말을 꺼낸 게 누군데?"

홍순제는 억울하다는 듯 중얼거리다가 곧 '아차!' 하는 표정으로 고개를 떨구었다.

"오호라, 주동자는 자네가 아니라 김 통사란 말이지?"

조 군관이 싱긋이 웃으며 홍순제를 쳐다보았다. 사실은 김득시도 범행을 부인하고 있었지만, 홍순제를 떠보기 위해 말을 꾸며 냈던 것이다. 홍순제는 무심결에 내뱉은 말 때문에 꼬리가 잡히고 말았다.

이번 사건은 밀무역을 하던 통사들이 이익을 나누는 문제로 다투다 벌어진 일이었다. 조선에서 일본으로 수출하는 물품 중 인삼은 인기가 단연 높았다. 하지만 인기에 비해 정식으로 수출되는 양이 적다 보니 밀무역이 극성이었고, 통사들 중에도 여기에 가담하는 사람이 꽤 있었다.

장교익은 같이 통사로 일하는 홍순제와 김득시를 끌어들여 인삼을 몰래 거래했는데, 왜관을 자유롭게 드나들기 위해 문지기인 서우진을 끌어들였다. 그런데 이익을 나눌 때 장교익은 자기가 일을 도모했다는 이유로 항상 더 많이 챙겼고, 상전처럼 굴며 사람들을 무시하기 일쑤였다. 이에 불만을 품은 세 사람이 짜고 일을 벌인 것이다.

서우진이 서리로 위장해 장교익을 불러냈고, 나머지 두 사람이 몰래

뒤따르다가 외진 곳에 이르러 기습했다. 세 사람은 장교익이 쓰러져 꿈쩍도 않자 죽은 줄 알고 자리를 떴다고 한다. 장교익이 자신을 덮친 자들의 정체를 알면서도 입을 열 수 없었던 이유가 바로 이것이었다.

홍순제와 김득시는 살인을 모의하고 실행까지 했으니, 비록 장교익이 죽지 않았다 해도 사형을 면키 어려울 것이다. 장교익 역시 밀무역한 죄를 피할 수 없었다. 함께 범행을 모의했던 문지기 서우진은 홍순제가 잡혀갔다는 소식을 듣고 달아났는데, 훗날 들어 보니 승려 행세를 하며 돌아다니다 붙잡혔다고 한다.

사건 백과

◆ 왜관은 조선 속의 일본인 마을

왜관은 조선에 온 일본인들이 머물던 곳으로, 일본인 관리가 자체적으로 관리하는 일종의 일본인 마을이었다. 왜관 주위에는 읍성처럼 담을 둘러쌓았고 그 안에 집과 관청, 상가, 창고 등이 조성되어 있었다. 왜관의 일본인은 마음대로 밖으로 나올 수 없었고, 허락을 받고 외출했더라도 해지기 전에 돌아가야 했다.

◀〈왜관도〉 1738년 초량 왜관의 모습을 그린 그림이다. 지금의 부산 용두산 공원 일대에 있었다. 변박 그림.

◆ 왜관은 몇 곳이나 있었을까

태종 때 부산포(동래), 제포(진해), 염포(울산), 가배량(고성)에 왜관이 처음 설치되었다. 이후 왜구들이 쳐들어오거나 조선의 정책이 변하거나 할 때 폐쇄와 설치를 반복하다가 임진왜란으로 모두 없어졌다. 임진왜란이 끝난 뒤 다시 외교 관계를 맺으면서 두모포(지금의 부산 동구청 일대)에 왜관을 설치했고, 숙종 때 초량으로 확장 이전해 계속 운영되었다.

◆ 통사는 어떤 일을 하나

통사는 역관이라고도 하며 외국어 통역을 하던 관리이다. 사역원에서 통사를 관리하고 교육시켰는데, 중국어, 일본어, 몽골어, 만주어 등을 다루었다. 동래나 의주 같은 지역에서는 자체적으로 통사를 교육시키고 관리했다. 동래의 왜관에서는 서울에서 파견된 통사 두 명과 현지 출신의 하급 통사 40명 정도가 일했다.

▲〈동래부사접왜사도〉 동래 부사가 일본 사신들을 맞이해 잔치를 베푸는 모습이다.

◆ 밀무역을 하면 어떤 처벌을 받았나

나라에서 허락한 거래 외에 개인이 일본인과 접촉하는 것은 일절 금지되었는데, 국내 사정이 새 나가는 것을 막기 위해서였다. 밀무역은 당연히 금지였고, 일본인에게 빚을 지거나 일본인의 물건을 훔치는 것도 처벌 대상이었다. 규정을 어긴 사람은 왜관 앞에서 목을 베었고, 위반 사실을 알면서도 묵인하거나 제대로 단속하지 못한 관리 역시 처벌받았다.

집중 탐구

왜관에서 어떤 식으로 무역을 했나

조선은 중국에 조공을 바친 후 답례품을 받아 오는 식의 무역을 할 뿐, 개인적인 무역은 금지했다. 그런데도 왜관을 설치하고 일본과 무역을 허락했던 것은 경제적인 측면보다는 국방상 일본인들을 회유하기 위해서였다.

◆ 무조건 막기보다 적당히 허락하다

일본과의 무역을 금지한다면 밀무역이 극성을 부리거나 일본인들이 약탈을 저지를 위험이 컸다. 따라서 무조건 막는 것보다 통로를 열어 주는 것이 평화를 유지하는 데 더 유리하다고 생각했다. 다만 무역을 허락하되, 일정한 양을 왜관에서만 거래하도록 제한했다.

◆ 거래는 정해진 장소에서 정해진 시간에

일본인들은 부산포에 도착하면 먼저 입국 심사를 받은 뒤 왜관으로 들어갔다. 일본 상인과 조선 상인의 거래는 닷새에 한 번씩 왜관에서 이루어졌는데, 양쪽의 관리들이 지켜보는 가운

◀〈왜관도〉 중 개시대청 부분
개시대청은 양쪽 상인들이 만나 거래하던 장소이다. 왜관에는 개시대청 외에도 일본인들을 위한 생활 공간과 관청 등이 설치되어 있었다.

데 마당에 물건을 펼쳐 놓고 물물 교환을 하는 식이었다. 조선에서는 동래 부사의 허가를 받은 상인만 왜관을 출입할 수 있었는데 주로 개성상인과 동래 상인이었다.

♦ 일본이 수입해 간 것들

일본이 가장 많이 수입해 간 것은 중국 비단이었다. 중국과 국교를 맺지 않았던 일본은 조선을 통해 중국 물건을 수입했고, 국제 정세도 파악했다. 조선 물건으로는 인삼을 가장 많이 가져갔는데, 일본에서 만병통치약으로 통하며 인기를 끌었고 값도 높았다. 그 밖에 쌀·콩·잣·약재·삼베·모시 등을 수입해 갔다.

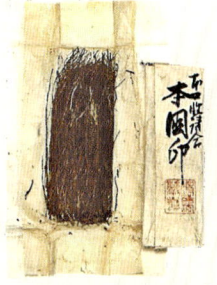

▲ **조선 인삼** 통신사(조선 시대에 일본으로 보내던 사신)가 일본에 예물로 가져간 인삼이다.

♦ 조선이 가장 많이 수입한 것은 은과 동

조선은 일본에서 은을 가장 많이 수입했는데, 중국에 다시 수출하기 위해서였다. 일본에서 은 수출을 금지한 후에는 구리가 그 자리를 차지했다. 숙종 때 발행된 상평통보가 점점 널리 쓰이게 되자 이것을 만들 구리가 많이 필요했기 때문이다. 또, 일본을 통해 향료와 염료, 물소 뿔 같은 동남아 지역의 산물도 수입했다.

▲ **인삼대왕고은** 일본에서 조선 인삼을 구입하는 데 쓰려고 특별히 만든 은화이다.

백성을 괴롭히는
진짜 도적은 누구인가

동래에서 한동안 지내다 파주 집으로 돌아가는데 길을 잘못 들어 적성현 쪽으로 돌아서 가게 되었다.

'그것참, 어쩌다 이 길로 오게 된 거지?'

혼자 중얼거리며 걷는데 제법 큰 주막이 눈에 띠었다.

다리도 쉬어 갈 겸 배도 채울 겸 주막으로 들어가려는데 웅성웅성 사람들이 몰려나왔다. 포교와 포졸 차림을 한 사내 둘이 사람들의 인사를 받으며 주막을 나서는 중이었다. 그런데 그들의 행색이 어딘가 이상했다.

'포졸이 뭐 저리 큼직한 등짐을 지고 다니지?'

의아한 생각에 두 사내의 모습을 한참 바라보다가 주막으로 들어섰다.

밥을 한 그릇 달라고 해서 먹는데, 주모가 자꾸 나를 쳐다보는 게 아닌

가. 대놓고 쳐다본 것은 아니지만 슬쩍슬쩍 쳐다보는 시선이 분명하게 느껴졌다. 다른 손님도 나를 곁눈질하는 듯했다.

'이 사람들 왜 이러지?'

사람들의 호기심 어린 시선에 뒤통수가 따끔거리던 중, 문득 생각나는 일이 있어 혼자 빙그레 웃었다.

곳곳을 돌아다니다 보면 내게 뭐 하는 사람이냐고 묻는 이들이 많은데, 낯선 이에게 내 사연을 구구절절 읊을 수도 없으니 그때마다 적당히 둘러대곤 했다. 어떤 때는 낙방거자라 했고, 어떤 때는 벼슬살이하는 친지를 만나러 간다고도 했다.

그런데 그런 나를 암행어사로 오해하는 사람들이 간혹 있었다. 집 떠난 지 오래되어 차림은 남루한데 글깨나 읽은 것 같고, 뚜렷한 이유도 없이 돌아다니는 모습이 영락없이 신분을 숨기고 다니는 암행어사를 연상시켰던 모양이다. 그렇다고 내가 먼저 나서서 아니라고 할 수도 없는 노릇이라 여간 곤란한 게 아니었다.

그런데 사람들의 이런 마음을 이용해 암행어사를 사칭하고 다니는 자들이 있는 모양이다. 얼마 전에는 전라도에서 배재렴이라는 자가 암행어사 행세를 하고 다니다 잡혔다고 한다.

'혹시 나를 암행어사라고 생각하는 건가? 허허 참.'

밥을 먹으며 혼자 실실 웃다기 민망하게도 앞자리 사내와 눈이 딱 마

낙방거자 … 과거 시험에 응시했다가 떨어진 선비.

주치고 말았다. 얼른 자리를 뜨려고 밥값을 치르는데 주모가 엽전 받는 걸 영 내켜 하지 않았다.

"베 같은 건 없으십니까?"

"요즘 세상에 누가 무겁게 베를 지고 다니나? 나라에서도 상평통보를 널리 쓰라고 하지 않나?"

"그야 그렇습니다만…… 방금 전 포교 나리 말씀을 듣고 나니 겁이 나서요."

주모 말로는 지금 일대에 가짜 엽전이 돌고 있단다. 잠시 전 주막을 나간 포교가 위조범을 잡으러 다닌다고 했다는 것이다.

'가짜 엽전이라고?'

얼마 전 대규모 주화 위조범이 잡힌 일이 있었다. 포도대장이 가짜 엽전을 만드는 자들이 있다는 첩보를 듣고 현장을 덮쳤는데, 역모 자금을 만들기 위한 거였다는 진술이 나와 조정이 발칵 뒤집혔더랬다.

그런데 엽전을 위조하는 자가 또 있다고? 그러고 보니 가짜 엽전을 만들고 유통시키기에는 서울보다 지방이 더 유리할 수도 있겠다.

"흥! 가짜 엽전이 대수야? 그걸 잡으러 다닌다는 핑계로 백성들 쥐어짜는 포교가 더 무섭더라."

옆자리에서 술잔을 기울이던 사내가 볼멘소리를 했.

내가 무슨 소리냐며 관심을 보이자 주모가 기다렸다는 듯 하소연을 하

볼멘소리 … 서운하거나 화가 날 때 퉁명스럽게 하는 말투.

기 시작했다. 포교가 주화 위조범을 잡으러 다닌다며 주막에 나타났는데 밥을 내놓으라 술을 내놓으라 하며 여간 괴롭힌 게 아니란다.

"도둑을 잡자는 건지 백성을 잡자는 건지, 원."

주모는 내가 들으라는 듯 한숨을 푹푹 내쉬었다.

"어제 장에서는 글쎄 김씨 봇짐을 풀어 조사하더니 엽전이 가짜라면서 싹 압수하더라니까."

"김씨가 여기저기서 받은 돈인데 어떻게 그게 다 가짜냐고 하니까 끌려가서 곤장을 맞아 보겠느냐고 을러대더라고."

보부상인 듯한 사내들이 주거니 받거니 열을 올렸다. 그 모습을 보니 괜히 내 얼굴이 화끈거렸다. 민망한 마음에 서둘러 주막을 나서려는데 한 사내가 호들갑스럽게 뛰어 들어왔다.

"이보게들, 한양에서 관군이 내려왔다네."

한창 이야기에 열을 올리던 사람들이 일제히 사내를 쳐다보았다.

"지금 저 큰길을 지나고 있다네."

사람들이 우루루 몰려 나갔고, 나도 그 뒤를 따라가 보았다. 어느새 소식을 들었는지 사람들이 꽤 모여 있었다.

"저기 감악산 도적들을 잡으러 온 건가?"

"그런 모양이야. 그 도적들이 여간 흉악한 게 아니잖나."

웅성거리는 사람들 너머로 관군 행렬을 보고 있는데 낯익은 얼굴이 보였다. 토벌군을 이끄는 우두머리가 김인해 어른 아닌가!

김인해 어른은 포도대장으로 있을 때 악당들을 가차 없이 소탕하는 걸로 명성이 자자했던 분이다. 그 일로 원한을 품는 자도 있었지만, 대쪽 같은 일 처리로 주상 전하의 신임이 두터웠다. 예전에 아버님을 통해 몇 번 뵌 적이 있는데 성품이 꼿꼿하기 그지없었다.

그런데 포도대장이라는 자리는 전하를 가까이에서 모시는 자리다 보니 권력이 막강했고, 그만큼 시기와 모함을 받기도 쉬웠다. 김인해 나리 역시 작은 실수로 반대파에게 꼬투리를 잡혀 몇 달 전 파직을 당하셨던 터이다. 그래도 워낙 능력 있는 분이라 다시 관직에 나오신 모양이다.

"관아에 가려면 어디로 가야 하나?"

급히 자리를 뜨는데 주막에 있던 사람들이 의미심장한 눈빛을 주고받는 것이 느껴졌다.

적성 관아에 찾아가 신분을 밝히고 김인해 나리 뵙기를 청했다. 김인해 어른은 여전히 건장하고 위엄 있는 모습이셨다.

"어인 일로 몸소 이곳까지 오셨습니까?"

반가움 반 궁금증 반으로 안부를 여쭈었다.

"일전에 시전에 불을 지른 뒤 혼란을 틈타 도적질한 무리들이 있었네. 그자들의 소굴이 감악산에 있다는 첩보를 듣고 소탕하러 온 것일세."

따로 토벌군을 꾸려 이곳까지 온 것을 보니 꽤 큰 사건인 듯했다.

주막에서 들은 이야기가 아무래도 이상해 말씀드렸더니 김인해 나리는 고개를 갸웃거렸다.

 **시전**

도성 안에 설치했던 상설 시장. 조선 시대 시전은 지금의 종로 일대에 있었다. 나라에서 상인에게 점포를 빌려주고 특정 상품에 대한 독점권을 주는 대신 상인들은 나라에서 쓸 물품을 바쳤다. 가장 규모가 큰 여섯 시전을 육의전(육주비전)이라고 했다.

"주화 위조범이라니…… 이상한걸."

토벌군을 꾸리고 출동을 준비하면서 포도대장과 여러 정보를 주고받았지만 주화 위조범에 관한 이야기는 없었다고 한다. 적성 현감 역시 금시초문이라고 했다.

"종종 관리를 사칭하고 다니는 자가 있다는데 그런 경우 아닌지 의심스럽습니다."

조심스럽게 생각을 아뢰었더니 김인해 나리도 고개를 끄덕거리셨다.

"아직 멀리 가지 못했을 것입니다. 제가 그자들 얼굴을 보았으니, 나졸을 두어 명 붙여 주시면 뒤를 쫓도록 하겠습니다."

김인해 나리와 현감이 잠시 의논하더니 민첩해 보이는 나졸 두 명을 불러 주었다.

주막에 가서 위조범을 잡으러 다닌다는 포교가 어느 방향으로 갔는지 물어 그 뒤를 쫓았다. 얼마 가지 않아 한 역에서 두 사람과 마주칠 수 있었다. 이번에는 살인범을 쫓는 중이라면서 역졸들에게 밥을 내놓으라 술을 내놓으라 하며 괴롭히고 있었다.

"패를 좀 보여 주시지요."

나졸이 신분을 확인할 수 있는 패를 보자고 했더니 사내들이 인상을 험악하게 찌그러뜨렸다.

"감히 나를 의심해? 볼기를 맞아야 정신을 차리려나?"

　포교 차림의 사내가 제법 쩌렁쩌렁한 소리로 호통쳤다.
　"맞을 땐 맞더라도 패부터 봅시다. 어서요!"
　내가 나서며 강한 말투로 다그치자 사내는 어쩔 수 없다는 듯 허리춤에서 나무패를 꺼냈다. 그런데 사내가 내미는 패를 보는 순간 웃음이 터져 나왔다.
　패에 글자가 언문으로 새겨져 있었던 것이다. 이런 허술한 패를 가지고 포교를 사칭하고 다녔다니, 어리석은 것인지 배짱이 좋은 것인지 헷갈릴 지경이었다.
　생각해 보니 백성들은 포교라 하면 그 위세에 눌려 슬슬 기기만 할 뿐

언문 … 한글을 속되게 이르던 말. 조선 시대에는 양반들이 쓰는 한자에 비해 한글은 평민이나 부녀자들이 쓰는 글이라고 해서 낮추어 보았다.

감히 패를 보여 달라고 하지 못했을 것이다. 사내를 끌고 가면서도 내내 어이가 없었다.

김인해 나리도 기가 막혔는지 헛웃음을 흘리셨다.

"이런 어리석은 놈을 봤나. 아니, 실성한 게로구나, 허허허."

나리께서는 덕분에 큰 도둑을 잡았노라며 치하해 주셨다.

"백성을 등치는 이런 자들이야말로 도적 중에 큰 도적 아니겠나?"

김인해 나리와 적성 현감에게 인사를 드리고 다시 길을 떠났다.

다행히 가짜 포교를 잡아들이기는 했지만 마음은 무거웠다. 사실 백성을 괴롭히는 것이 그런 가짜 관리들뿐이겠는가! 쥐꼬리만 한 권력만 있어도 그것을 이용해 백성들을 쥐어짜는 자들이 얼마나 많은가!

이런저런 생각을 하며 걷다 보니 가짜 포교와 처음 마주쳤던 주막을 다시 지나게 되었다. 문가에 있던 주모가 나를 보더니 반갑게 인사했다. 주모는 술이나 한잔 마시고 가라며 나를 잡아끌었다.

"지난번 그 포교가 가짜였다지 뭡니까."

"그자를 체포했다는 소식은 나도 들었네."

"그런 나쁜 놈이 잡혔다니 기분이 좋아서 선비님께 술 한 잔 드리는 겁니다."

주모는 싱글싱글 웃으며 안주까지 푸짐하게 내주었다.

성날 나를 암행어사로 생각하는 건가 싶어 혼자 속으로 웃음을 삼켰다.

사건 백과

◆ 관리의 신분을 증명해 주는 패

▲ 통부 조선 시대 밤중에 길을 가거나 궁궐을 드나들 때 사용한 통행증이다.

관리들은 맡은 임무에 따라 그것을 증명하는 패를 발급받았다. 야간 통행을 허가하는 패, 도성 안팎을 순찰할 때 사용하는 패, 궁녀가 궐 밖에 나갈 때 사용하는 패 등 용도에 따라 다양한 종류가 있었다. 지방으로 출장 가는 관리에게는 역에서 말을 이용할 수 있도록 마패를 발급했다. 마패 한쪽에는 등급에 따라 말이 그려져 있어서 그 수만큼 말을 이용할 수 있었다.

◆ 공무로 여행하는 관리가 이용하던 역

역은 중앙과 지방 사이에 신속하게 연락을 주고받기 위해 설치한 시설이다. 주요 도로를 따라 보통 30리 간격으로 역을 설치해 놓고 중앙의 공문을 지방에 전달하거나 물자를 수송할 때 이용했다. 지방에 출장 가는 관리는 역에서 말을 갈아타기도 하고 잠을 자기도 했다. 역에는 역졸을 두어 말을 돌보고 짐을 나르는 등의 일을 하도록 했다.

▲ 나무 마패

◆ 옛날에도 화폐 위조범이 있었다

▲ 돈궤

《조선왕조실록》에는 "사사로이 주화를 만든 사람을 처형했다."라는 내용이 보인다. 화폐 위조범에 관한 이야기가 지명으로 남아 있기도 하다. 설악산 남쪽의 주전골은 승려로 위장한 도적들이 가짜 주화를 만들던 곳이라 하고, 서울 상암동의 풀무골은 효종 때 김자점이 역모 자금으로 쓸 위조 엽전을 만들던 대장간이 있었다고 해서 붙은 이름이라고 한다.

◆ 주화를 왜 엽전이라고 불렀나

주화(동전)는 거푸집(형틀)에 쇳물을 부어 굳히는 주조 방식으로 만들었는데, 한꺼번에 여러 개씩 만들기 위해 나뭇가지처럼 생긴 틀을 사용했다. 형틀 하나에 동전 모양을 여러 개 만들고 그것들이 서로 연결되도록 골을 판 것이다. 여기에 쇳물을 부은 뒤 굳으면 하나씩 떼어 내는데, 떼어 내기 전의 모습이 마치

▲ 엽전

나뭇가지에 매달린 이파리 같다고 해서 나뭇잎 돈이라는 뜻으로 '엽전'이라고 했다.

상평통보는 왜 엽전의 대명사가 되었나

우리는 엽전(주화)이라고 하면 흔히 상평통보를 생각하게 된다. 고려 말부터 시작해 조선 시대까지 발행된 여러 주화들 중 가장 널리 쓰였기 때문인데, 나라의 적극적인 정책과 상업 발달 덕분이었다.

◆ 물물 교환에서 화폐로

사람은 생활에 필요한 물건을 혼자서 다 생산할 수 없기 때문에 다른 사람에게서 구해야 한다. 처음에는 서로 필요한 물건을 맞바꾸는 물물 교환을 했는데, 크고 무거운 물건을 일일이 가지고 다니는 게 번거롭고 불편했다. 이런 불편을 해소하기 위해 화폐가 발명되었는데, 상업이 발달한 지역일수록 일찍부터 화폐가 쓰였음을 알 수 있다.

▲ **오수전** 중국 한나라 때부터 주조된 동전으로, 우리나라에서도 사용되었다.

◆ 우리나라 최초의 화폐는 건원중보

▲ 건원중보

우리나라에서 처음 발행된 화폐는 고려 성종 때 철로 만든 건원중보이다. 숙종 때는 은 한 근짜리 병을 유통시켰지만 은병은 가치가 너무 커서 널리 쓰이기 힘든 데다 위조품까지 나돌아 문제가 되었다. 이후에도 해동통보, 삼한통보, 동국중보 같은 화폐를 계속 발행했지만 별로 유통되지 못했다.

◆ 화폐 대신 사용된 쌀과 옷감

조선은 농업을 근본으로 삼는 정책을 폈기 때문에 상업 발달이 늦어졌고 따라서 화폐가 별로 쓰이지 못했다. 물건을 사고팔 일이 별로 없으니 화폐가 없어도 큰 어려움을 느끼지 않았고, 생활에 꼭 필요한 쌀이나 베를 화폐 대신 주고받았다. 백성들은 조그만 동전 하나로 과연 쌀이나 옷을 살 수 있을지 의심스러워 사용을 꺼렸고, 나라에서 주화를 만들어 유통시키고자 해도 번번이 실패로 돌아갔다.

◆ 전국적으로 유통된 상평통보

숙종 때 상평통보가 발행되었고 이를 널리 유통시키기 위한 정부의 노력이 이어졌다. 관청에서 상평통보를 가져오는 사람에게 금액만큼의 물건으로 바꾸어 줌으로써 가치를 보장했고, 세금도 상평통보로 받았다. 백성들도 상업이 발달하면서 거래할 일이 많아지자 무거운 쌀이나 베를 가지고 다니는 것보다 주화를 사용하는 게 편리하다는 것을 느끼게 되어 상평통보는 곧 전국적으로 유통되었다.

▶〈엿장수〉 아이가 자연스럽게 엽전을 사용하는 모습을 보면, 조선 후기에 화폐 사용이 일반화되었음을 알 수 있다. 김준근 그림.

사건 8

조상의 묏자리를
두고 다투다

오랜만에 한양 나들이를 했다. 흠흠 선생께서 한양에 계신다고 해서 선생도 뵙고 친구들도 만날 겸 나선 것이다.

성균관에서 함께 공부하던 친구 오달필이 승정원 주서로 있는데, 이 친구를 통해 세상 돌아가는 이야기를 많이 들었다. 최근 장안의 화제가 되고 있는 산송 사건도 그중 하나였다.

묏자리를 두고 다투는 산송은 꽤 흔한 민간 소송이다. 조상의 묘를 좋은 터에 쓰면 자손들이 잘된다는 믿음 때문에 명당을 차지하기 위한 경쟁이 심했고, 때로는 남의 묘역에 자기 조상을 몰래 묻는 일까지 벌어졌다. 그러다 보니 집안끼리 묏자리를 두고 다투는 일이 잦았고, 폭력으로 번져 인명 사고까지 터지곤 했다.

지금 화제가 되고 있는 노승철과 한지만의 산송도 사태가 자못 심각한 지경이었다.

"사건의 발단은 노승철의 선산에 한지만이 자기 조부의 묘를 옮겨 온 거였지. 왕실의 외척이라는 권세를 믿고 행패까지 부렸더구먼."

오달필은 마치 자기 일이라도 되는 것처럼 분개하면서 자세한 이야기를 들려주었다.

경기도 용인현에 사는 노승철의 부모 묘 옆에 한지만이 자기 조부의 묘를 제멋대로 옮겨 왔다. 노승철은 한지만의 부정한 행위를 바로잡아 달라며 관아에 소송을 냈고, 용인 현령은 원칙대로 한지만에게 조부의 묘를 옮기라고 판결을 내렸다.

선산 … 조상의 무덤이 있는 산.

하지만 한지만은 차일피일 미루기만 했고, 노승철은 애가 탔다.

"당장 저 무덤을 파내고 싶지만 법이 지엄하니 그럴 수도 없고……."

남의 선산에 무덤을 쓰는 일이 불법이기는 하지만, 어떤 이유에서건 남의 무덤을 훼손했다가는 중벌을 면하기 어려운 것 또한 법이었다.

한지만의 가문은 왕실의 외척으로 막강한 권력을 휘두르고 있었다. 노승철 같은 일개 유생이 맞설 수 있는 상대가 아니었지만 부모님의 묘에 관한 일이다 보니 노승철은 결코 물러설 수 없었다.

노승철은 이번에는 관찰사에게 소송을 냈다. 그런데 관찰사는 까닭도 없이 미적미적 판결을 미루었다.

산송에는 산송 도형이라고 해서 무덤 위치를 자세하게 그린 그림이 필

주서
왕의 비서 기관인 승정원에 소속된 정7품 관리. 승정원에서 처리하는 각종 문서를 정리하고, 왕이 중신들과 국정을 논의하는 자리에 참석해 그 내용을 기록한다. 매일 업무가 끝난 뒤 그날 있었던 일을 자세히 기록해 두는데, 이것이 《승정원일기》이다.

친척 · 외척 · 인척
친척은 혈연이나 혼인으로 맺어진 사람들을 말한다. '나'를 기준으로 아버지 쪽인 친가는 내척, 어머니 쪽인 외가는 외척이라고 한다. 역사에서는 외척이라는 말이 대개 왕비나 후궁의 친정 사람들을 일컫는 말로 쓰인다. 인척은 혼인을 통해 맺어진 친척이다.

요하다. 재판관이 일일이 현장에 오지 않아도 상황을 알 수 있도록 그림으로 자료를 남기는 것이다. 산송 도형은 원고와 피고, 조사관이 함께 작성해야 하는데 관찰사는 아예 조사관을 파견하지도 않았다. 노승철은 답답한 마음에 혼자 도형을 작성해 제출했다.

그런데도 관찰사는 묵묵부답이었고, 그사이 한지만은 무덤에 비석을 세우고 주변의 나무를 베는 등 노승철의 선산을 훼손했다.

참다못한 노승철이 쫓아가 비석을 세우고 있던 사람들을 내쫓았는데, 이 과정에서 한지만의 하인들이 다쳤다. 그러자 한지만은 이를 트집 잡아 노승철을 고소했다.

"적반하장도 유분수지, 남의 선산을 건드려 놓고 오히려 고소를 하다니요!"

노승철은 억울함을 호소했지만 관찰사는 오히려 노승철을 꾸짖었다. 알고 보니 관찰사는 한지만과 인척이었다.

"어찌 남의 묘에 비석 세우는 일을 막고 폭행까지 한단 말이냐?"

"억울합니다. 그곳은 본디 저희 선산입니다. 잘못을 바로잡아 달라고 지난번에 소송도 내지 않았습니까?"

"말 한번 잘했다. 어느 누가 고소장을 그 따위로 낸단 말이냐!"

관찰사는 말투가 건방지다는 둥, 일방적으로 산송 도형을 그린 것은 증거 조작 아니냐는 둥 트집을 잡으며 노승철을 매질했다. 어찌나 심하

게 맞았던지 노승철은 자리에 누워 꼼짝도 못 하게 되었다.

"부모님의 묘를 지키지 못했으니 이 불효를 어찌할꼬?"

그 와중에도 노승철은 부모의 묘를 걱정할 뿐이었다.

선산을 침범당한 것도 모자라 가장까지 다치고 보니 노씨 집안의 원통함은 이루 말할 수 없었다. 노승철의 상태는 갈수록 악화되어 식구들의 애를 태웠다.

그러던 어느 날 노승철의 부인 허씨가 호미를 들고 선산에 올라가더니 한지만이 만들어 놓은 무덤을 파헤치기 시작했다. 남의 묘를 파헤치는 것은 살인에 버금가는 죄가 되지만 지독한 분노와 억울함이 허씨 부인으로 하여금 극단적인 행동을 하게 만든 것이다.

소식을 들은 한지만 일당이 몰려와 허씨 부인을 구타했는데, 그 후유증으로 허씨 부인은 얼마 후 숨을 거두었다.

아들 노정식이 한지만을 살인죄로 고발했지만 무죄로 판결이 났다. 허씨 부인이 분한 마음에 간수를 마시고 자결했다는 것이었다. 같은 마을에 사는 어영수 집의 여종 삼월이가 허씨 부인에게 간수를 주었다고 증언했다고 한다.

　간수는 소금이 습기를 만났을 때 녹아서 나오는 물이다. 두부를 굳힐 때 사용되기도 하지만 독성이 강해서 조심히 다루어야 한다. 그런데 간수를 민가에서 쉽게 구하다 보니 스스로 목숨을 끊으려고 할 때 이 간수를 마시는 경우가 제법 많았다.

　아버지는 꼼짝 못 하고 누워 계시고 어머니는 돌아가시기까지 했는데 아무도 책임을 지지 않으니 노정식으로서는 억장이 무너질 일이었다.

　"이 억울함을 어찌 푼단 말인가?"

　노정식은 결국 격쟁이라도 해 보자는 생각으로 한양으로 올라왔다.

　노정식은 이제나저제나 때를 기다렸지만, 여러 달이 지나도록 임금이 궐 밖으로 행차한다는 소식은 들리지 않았다.

　"이대로 마냥 기다릴 수는 없어."

　노정식은 보는 사람마다 붙잡고 억울한 사연을 호소하기 시작했다.

　"억울하게 돌아가신 어머님의 한을 풀어 주소서!"

　아는 사람 하나 없는 한양에서 억울한 사연을 알리기 위해서는 이 방법 밖에 없다고 생각한 것이다.

　보는 사람마다 붙들고 억울함을 호소하는 노정식에 대한 이야기는 결국 주상에게까지 전해졌고, 주상께서는 사건을 자세히 조사하도록 어사를 파견했다.

격쟁 … 원통한 일을 당한 사람이 임금이 행차하는 길에서 징이나 꽹과리를 쳐서 하소연하는 일.

어사 앞에서도 한지만은 "노승철의 부인 허씨는 간수를 마시고 자결했소이다."라는 주장을 굽히지 않았다. 하지만 허씨 부인의 시신에 대한 기록을 아무리 보아도 간수를 마시고 죽은 흔적은 보이지 않았다.

간수를 먹고 죽은 시신은 머리털이 흐트러지고 손톱과 발톱이 문드러지는 등 참혹한 모습이 된다. 또 죽는 순간 고통이 심해 땅을 구르고 자기도 모르게 가슴을 문지르기 때문에 손톱자국이 남는다. 하지만 허씨 부인의 시신에는 이런 흔적이 없었다. 또, 간수를 먹고 죽었는지 확인하려면 시신의 입에 은막대를 넣어 검게 변하는지 보면 되는데 이 간단한 검사조차 하지 않았다.

시신에는 곳곳에 검붉게 부은 상처가 딱딱하게 굳어 있다고 했다. 구타 당해 죽은 시신에서 나타나는 모습이다. 특히 옆구리에 상처가 심했는데, 옆구리는 구타 사건에서 뒤통수, 배와 함께 치명적인 급소로 취급된다.

어사의 여러 임무

어사는 왕이 특별한 임무를 주어 지방에 파견하는 임시 벼슬이다. 탐관오리를 찾아내고 백성의 어려움을 살피는 암행어사가 가장 널리 알려져 있지만, 특정한 사건을 조사하기 위해, 변란이나 재해가 일어났을 때 민심을 달래기 위해, 기근이 들었을 때 그 실태를 조사하고 구제하기 위해 어사를 보내는 경우도 많았다.

"이건 검시를 다시 할 필요도 없는 것 아닌가!"

사인이 정 의심스럽다면 무덤을 열어서라도 검시를 다시 하겠지만, 어사가 보기에 허씨 부인의 경우에는 그럴 필요도 없었다.

"조사를 이렇게 허술하게 했단 말인가?"

어사가 한심한 듯 혀를 찼다.

결국 허씨 부인이 자살했다는 증거라고는 어영수 집 여종 삼월이가 간수를 주었다는 증언뿐인데, 이것도 잘 생각해 보면 허술하기 짝이 없었다. 허씨 부인이 설령 모진 마음을 먹었다 치더라도 왜 남의 집 여종에게 간수를 얻는단 말인가?

어사가 아무래도 이상한 생각이 들어 조사해 보니 삼월이의 주인 어영수는 한지만의 장인이었다. 일의 내막을 알 만했다.

어사는 삼월이를 엄하게 신문했다.

"거짓을 고하였다간 물고를 낼 줄 알아라!"

처음에 삼월이는 겁에 질려 울기만 했다.

"간수를 마시면 죽는다는 것을 몰랐을 리는 없을 터! 네가 허씨 부인에게 정말로 간수를 주었다면 살인죄

로 다룰 것이다!"

삼월이는 살인죄라는 말에 부들부들 떨더니, 주인이 시켜 어쩔 수 없이 거짓을 아뢰었다고 털어놓았다.

노승철 집안의 억울한 사연이 알려지자 전국에서 상소가 빗발쳤다. 한지만을 엄히 처벌해 노승철의 억울함을 풀어 주어야 한다는 내용이었다. 또 노승철의 아들에게 효자문을 내려 달라는 상소도 많았다.

"요즘 승정원에서 처리하는 상소 대부분이 이 일에 관한 거라네."

오달필은 한동안 밀려드는 상소들을 처리하느라 정신 없었다고 한다.

"주상께서 어찌 판결을 내리실 것 같은가?"

"늘 공정한 판결을 강조하시기는 하네만, 사건 당사자가 외척이다 보니……."

오달필은 조심스럽게 입을 열었다가 이내 말끝을 흐렸다.

얼마 후 주상께서는 한지만에게 조부의 묘를 이장하라는 판결을 내렸다. 하지만 한지만과 관찰사를 처벌한다는 내용은 없었고, 주인이 시키는 대로 거짓 증언을 한 삼월이만 처벌을 받았다. 법의 잣대는 지엄한 것이건만, 신분과 권세에 따라 달리 적용되는 것을 보니 씁쓸했다.

주상의 판결에 대해 부당함을 지적하는 상소가 이어졌다.

"권세 있는 자가 그 힘을 악용해 남의 선산을 침범한 것은 용서할 수 없는 일이옵니다."

"관리는 친인척이 관계된 사건을 맡으면 안 되는 법입니다. 그런데 관찰사는 한지만의 인척이면서도 사건을 맡아 일방적으로 한지만의 편을 들었으니 목민관으로서 자격이 없는 자입니다."

"다시는 권력을 등에 업고 부당한 일을 저지르는 자가 없도록 한지만을 엄벌에 처하시옵소서!"

하지만 주상께서는 더 이상 번거롭게 하지 말라는 말만 되풀이하셨다고 한다.

그런데 그동안의 행태를 보건대 과연 한지만이 묘를 옮겨 갈 것인가? 이번에는 지엄한 어명이니 따를 것이라고 믿어 보는 수밖에!

사건 백과

♦ 소송은 어떻게 진행됐을까

개인끼리 이익을 다투거나 억울한 일을 당했을 때는 이를 해결해 달라며 관아에 소송을 낼 수 있었다. 소송을 거는 원고를 '원'이라 했고, 다툼 상대인 피고를 '척'이라 했다. 소송을 걸어 다른 사람을 피고로 만드는 것을 척진다고 했는데, 이 말은 서로 원수처럼 사이가 나빠진다는 뜻으로 쓰이게 되었다.

▲ 소지 내는 모습 재판을 요청하며 소지를 내는 모습이다. 소지란 관아에 청할 것이 있을 때 내는 문서를 말한다. 김윤보 그림.

원고와 피고가 다른 고을에 살 때는 피고가 사는 곳에 소송을 접수했고, 피고가 이에 응한다는 문서를 제출하면 정식으로 소송이 시작되었다. 재판을 할 때는 원고가 피고를 관아에 데려와야 했고, 피고가 특별한 이유 없이 응하지 않으면 강제로 소환할 수 있었다.

지금처럼 판사가 따로 있는 게 아니라 수령이 재판을 했는데, 재판이 시작되고 50일 이내에 판결을 내려야 했다. 재판을 하다 불리해진 사람이 소송을 중단시키려고 일방적으로 나타나지 않을 수도 있는데, 이 경우에는 계속 출석한 사람이 이긴 것으로 판결했다. 소송에서 이긴 사람은 수수료를 내고 판결문을 받아 권리를 확보했다.

◆ 무한정 소송을 할 수 있는 것은 아니다

  소송은 누구나 걸 수 있지만, 일정한 제약을 두어 지나치게 소송이 많아지는 것을 막았다. 문제가 생기면 일정한 기한 안에 소송을 제기해야 하는데, 예를 들어 땅이나 집을 거래했는데 무르고 싶다면 15일 이내에 소송을 내야 했다. 또, 같은 일을 가지고 세 번 이상 소송할 수 없었다. 한쪽이 세 번 중 두 번을 이기면 상대방은 아무리 억울해도 다시 소송을 걸 수 없었다.

◆ 왕에게 직접 억울함을 호소하던 격쟁

  억울한 일을 당한 백성이 격쟁을 통해 왕에게 직접 호소할 수도 있었다. 격쟁은 왕이 행차할 때 징이나 꽹과리를 쳐서 하소연하는 제도이다. 형조에서는 격쟁한 사람을 데려가 사연을 들은 뒤 사흘 안에 들은 내용 그대로 왕에게 보고했다. 글을 몰라도 되었고, 왕에게 직접 내용이 전달되었기 때문에 백성들에게 큰 호응을 받았다.

▶ 〈시흥환어행렬도〉 정조 대왕의 행차 모습을 담은 기록화이다. 왕의 궐 밖 행차는 백성들이 직접 억울한 사연을 호소할 수 있는 기회이기도 했다.

집중 탐구

왜 묏자리를 두고 다투었을까

묏자리를 두고 다투는 산송은 노비 및 토지를 둘러싼 소송과 함께 조선 시대 3대 소송이었다. 조상에 관한 일이다 보니 집안과 집안의 싸움으로 번지기 일쑤였고, 그 와중에 사람이 다치거나 죽는 일도 다반사였다.

◆ 돌아가신 뒤에도 효도를 다해야 한다

조선 시대에는 효를 최고의 가치로 여겼기 때문에 부모가 돌아가신 뒤에도 정성껏 모셔야 한다고 생각했다. 게다가 명당에 묘를 쓰면 자손들이 번창할 것이라는 풍수지리설이 크게 유행하면서 묘를 어디에 쓰느냐가 아주 중요한 일이 되었다. 산송은 바로 이런 명당 차지를 둘러싸고 벌어진 다툼이었다.

◀〈시묘살이〉 부모가 돌아가시면 3년 동안 무덤 근처에 움집을 짓고 살며 산소를 돌보았다. 김준근 그림.

◆ 명당을 차지하기 위해서라면

조상과 가문을 위한 명당 찾기는 도가 지나쳐 부작용을 일으키기도 했다. 부모가 돌아가셨는데 수개월씩 명당을 찾아 헤매느라 장례를 못 치르는가 하면, 더 좋은 자리를 찾아 묘를 수차례 옮기기도 했다. 심지어 다른 사람의 무덤에 자기 부모

를 몰래 묻는 일까지 벌어졌다. 산송 중 가장 많은 것이 바로 이렇게 몰래 만든 묘를 옮겨 가라는 것이었다.

◆ 권력을 이용해 남의 무덤을 빼앗다

힘 있는 사람이 명당으로 알려진 남의 땅이나 무덤에 강제로 자기 조상의 묘를 쓰는 일도 있었다. 심한 경우에는 원래 있던 무덤을 강제로 파내고 그 자리를 차지하기도 했다. 하지만 조상에 관한 일은 목숨을 걸고라도 지켜야 한다는 생각은 신분에 관계없이 누구나 컸기 때문에 평민이나 노비들도 적극적으로 산송을 제기하는 일이 많았다.

▲〈명당도〉 명당에 집을 짓거나 무덤을 만들면 장차 후손들에게 좋은 일이 생긴다고 믿었다.

◆ 묘 주변의 산림을 이용하기 위해

조선 시대에 토지는 개인이 소유할 수 있었지만, 거름·땔감·목재 등을 얻을 수 있는 산림은 다 함께 공유해야 한다는 생각이 강했다. 단, 묘지 주변의 산림에 대해서는 해당 가문에게 이용권을 주었다. 산송 중에는 이 산림 이용권을 지키기 위한 것도 꽤 있었는데, 자기 가문의 묘지 주변에 있는 나무를 몰래 베어 가는 사람이 있으니 막아 달라는 식이었다.

사건 9
옥살이야말로 이승의 지옥

 흠흠 선생을 뵈러 찾아가 보니 옥사에 관련된 문서들을 검토하고 계셨다. 얼마 전 주상께서 "오랫동안 해결되지 않은 사건이 있으면 다시 조사해 신속히 처리하라!"라는 어명을 내리셨는데, 그 일을 맡으시게 된 것이다.

 선생께서는 이제 관직에는 그만 나아가고 고향에서 어머님을 모시고 싶다며 사양하셨지만, 주상께서 "옥사를 처리하는 데에는 그대만 한 사람이 없으니 꼭 참여하라!"라며 특별히 부르셨다고 한다.

 옥사를 빨리 처리하라는 것은, 억울한 사람을 한 명이라도 줄이자는 것이다. 사건이 났을 때 범인으로 지목된 사람은 옥에 갇혀 판결을 기다린다. 죄를 지었으니 그에 맞는 처벌을 받으면 되는데, 문제는 무죄를 주

옥사 … 범죄 행위를 다스리는 일.

장하는 사람들이다.

　범행을 부인하며 버티는 경우에는 조사를 계속하지만, 문제는 유죄든 무죄든 판결이 날 때까지는 옥에 갇혀 있어야 한다는 것이다. 만일 무죄라면 억울하게 옥살이를 한 것인데, 이런 억울한 일을 하나라도 줄이기 위해서는 신속히 판결을 내려야 한다.

　옥살이가 힘든 것은 굳이 경험해 보지 않아도 알 일이다. 장소 자체가 열악하기 짝이 없는 데다가 먹을 것이든 입을 것이든 무엇 하나 변변할 리 없으니 그 안에서 사람이 온전할 리 없다. 겨울이라고 난방을 해 줄 리 없으니 추위에 떨어야 하고, 동지섣달 찬 바람에 수십 명이 떼죽음을 당하기도 한다. 오죽하면 옥살이를 일컬어 '이승의 지옥'이라고 할까!

　그래서 추위가 닥치면 옥에 갇힌 사람들 중 죄가 비교적 가벼운 자들을 석방하곤 하는데, 아무리 죄를 지었다 해도 그 생명을 가벼이 할 수는 없기 때문이다.

　이번에 주상께서 밀린 옥사를 되돌아보게 된 데에는 얼마 전 양주목에서 있었던 일이 계기가 되었다. 고참 죄수 원태복이 신참 죄수에게 신고식을 한다며 괴롭히다 죽게 만든 것이다. 얼굴을 익힌다며 앉았다 일어서기를 반복하게 하고 고참들에게 절을 시키다 칼을 찬 채로 잘못 넘어져 목이 부러졌다고 한다.

　옥에 오래 갇혀 있던 죄수들이 새로 들어온 죄수를 신고식이라는 핑계

칼 … 죄수가 마음대로 움직일 수 없도록 목에 씌우는 길고 넓적한 나무.

로 괴롭히는 일은 흔했다. 신참 죄수는 눈치껏 음식이나 돈을 바쳐야만 이 신고식을 면할 수 있었다.

　죄수를 괴롭히는 데 가장 큰 힘을 휘두르는 것은 옥졸이다. 고참 죄수가 신참을 괴롭히는 일도 옥졸이 시킨 경우가 많았다. 옥졸은 죄수들에게 절대적인 힘을 휘두르는 그야말로 저승사자 같은 존재였다.

　이번 양주목에서의 일도 옥졸이 새로 온 죄수에게서 돈을 뜯어내려고 원태복을 시켜 벌인 일이었다. 이 옥졸은 전부터 죄수 가족들에게 온갖 명분으로 재물을 뜯어내 원성이 자자했다고 한다.

　원태복은 그 옥에서 가장 오래된 죄수로 무려 8년이나 갇혀 있었다. 이말손이라는 사람에게 폭력을 휘둘러 죽게 만든 죄로 잡혀 왔는데 무죄를 주장하며 버티고 있었다.

원태복이 살던 속골에 이말손이 나타난 것은 그 마을의 권윤기에게 빌려준 돈을 받기 위해서였다. 이말손은 전에도 몇 차례 찾아왔는데 그때마다 권윤기는 돈이 없다며 버티었다. 이말손은 이번에는 절대 빈손으로 돌아가지 않겠다면서 외양간에 있던 소를 끌고 나갔다.

권윤기는 미천한 것이 감히 양반을 능멸한다며 노발대발했다. 권윤기는 벼슬도 없고 살림도 궁색했지만 명색이 양반이었고, 이말손은 노비의 후손이었다. 이말손의 할아버지가 몸값을 내고 노비 신분을 벗어났는데, 엄연히 양민이 되었음에도 불구하고 사람들은 이말손 집안을 여전히 업신여겼다.

"적반하장도 유분수지, 원. 빨리 돈을 갚으시든지요."

이말손이 발끈하자 권윤기는 더욱 목소리를 높였고 아들 권흥수까지 이에 합세했다. 잠시 후에는 이웃들까지 몰려와 이말손을 가로막았다.

권흥수는 길을 비키라는 이말손에게 어디 감히 양반에게 대드느냐며 화를 내다 급기야 주먹질까지 했다. 다른 사람들까지 가세해 이말손을 흠씬 두들겨 팼고, 이말손은 간신히 도망쳤지만 다음 날 숨이 끊어지고 말았다.

조사를 나온 관리에게 마을 사람들은 원태복을 주범으로 지목했다. 권흥수와 몇몇 사람들이 주먹질을 하기는 했지만 이말손이 크게 다친 것은 원태복이 세게 밀쳐서 넘어뜨렸기 때문이라는 것이다.

원태복은 억울하다고 했다. 자기는 뒤늦게 현장에 나타났는데 도둑놈 잡으라는 권흥수의 외침을 듣고 이말손을 붙잡으려다 놓쳤고, 이말손 혼자 걸음이 꼬여 넘어졌다는 것이다. 하지만 권흥수는 원태복이 이말손을 험하게 밀쳐 죽게 만들었다고 주장했고, 마을 사람들 역시 이구동성으로 원태복에게 책임이 있다고 했다.

결국 원태복은 이말손 치사 사건의 주범으로 체포되었다. 원태복은 무죄를 주장하다 심한 고문에 못 이겨 죄를 자복했는데, 시간이 지나자 다시 무죄를 주장했다. 원태복은 그렇게 자복과 번복을 되풀이하며 8년째 갇혀 있었다.

원태복 사건을 전해 들은 주상께서는 몹시 화를 내셨는데 크게 두 가지 이유 때문이었다.

하나는 죄수들끼리 가혹한 행위를 하는 것도 문제거니와 그것을 옥졸이 시켰다는 것이고, 또 하나는 사건을 제때 해결하지 못해 사람을 8년이나 가두어 두었다는 것이다. 형조에서는 봄가을에 정기적으로 미결 사건을 처리하게 돼 있는데 어찌하여 수년씩 해결이 안 된 사건이 있느냐는 것이다.

결국 주상은 조정 신료들과 함께 직접 사건을 심리하셨다.

"한두 사람이 목격한 것이라면 잘못 보았다고 생각할 수도 있을 것입니다. 그런데 마을 사람 모두 같은 주장을 하고 있지 않습니까!"

치사 … 사람을 죽게 함. 죽일 마음은 없었는데 실수로 죽게 한 경우에는 과실 치사라고 한다.

"하지만 원태복의 진술 또한 한결같고, 그 내용에 거짓이 보이지 않습니다. 사람이 거짓말을 하다 보면 앞뒤가 안 맞는 일이 많은데, 원태복의 진술에서는 그런 점이 안 보입니다."

신료들은 서로 다른 주장을 펼치며 갑론을박을 벌일 뿐 쉽게 결론을 낼 수 없었다.

첫날 결론을 내지 못하고 며칠 뒤 다시 심리를 시작하는데 형조 참판이 그림을 하나 펼쳐 보였다. 이말손 치사 사건을 조사한 보고서에 포함된 것으로, 시신의 상태를 상세히 표시해 놓은 것이었다.

"가슴에 세게 맞은 자국이 있는데, 이것이 이말손의 직접적인 사망 원인입니다. 원태복이 이말손을 거칠게 밀어 넘어뜨렸다는 마을 사람들 주

장이 만에 하나 사실이라 하더라도, 그것이 죽음의 직접적인 원인은 아니라는 이야기가 되옵니다."

대신들이 그림을 들여다보며 술렁대는데 형조 참판이 조심스럽게 덧붙였다.

"속골은 권씨들이 모여 사는 집성촌입니다. 다른 성씨가 있기는 해도 모두 한 마을에서 대대로 살아왔고 멀든 가깝든 친척이나 인척 관계로 얽혀 있습니다. 그런데 원태복은 타지에서 들어와 권씨 집안에서 머슴살이를 하던 자입니다. 마을 사람들이 자신들과 가까운 권흥수 대신 원태복을 범인으로 지목한 것이 분명합니다."

주상께서는 최초의 사건 보고서에서 실마리를 찾아낸 형조 참판을 칭찬하면서, 문제점이 하나 더 있다고 지적하였다.

"권흥수는 이 사건에서 유력한 용의자 중 한 명이었소. 그런데도 권흥수의 증언을 증거로 채택한 것은 명백한 잘못 아니오?"

결국 원태복은 이말손의 죽음에 책임이 없다고 밝혀졌는데, 문제는 얼마 전 옥에서 저지른 일이었다.

"원태복의 억울한 옥살이를 생각하면 참으로 가엾다. 더구나 그 옥살이 도중에 엉뚱한 죄까지 지었으니 그 처지가 안타깝구나. 하지만 이번에 지은 죄는 본인이 좋아서 한 것이 아니다. 죄수가 사나운 옥졸의 명을 어찌 거역할 수 있겠는가? 그렇다고 죄를 묻지 않을 수는 없다. 원태복은 매를 때린 뒤 석방하고, 뒤에서 사주한 옥졸은 엄벌에 처하라. 더불어 원태복의 경우처럼 오랫동안 해결되지 않은 사건이 있으면 다시 조사해 신속히 처리하라!"

그러면서 주상께서는 흠흠 선생에게도 이 일에 참여하라고 부르신 것이다.

흠흠 선생께서는 옥사를 검토하다 보면 안타까운 일이 많다고 하셨다.

"사소한 시비가 살인으로 번진 경우가 많다네. 특히 술자리에서 시비 붙는 일이 많다 보니 말리기도 어렵고 말일세."

술에 취해 사람을 쳤는데 뼈가 부러졌다면 장을 100대 맞고 삼 년간 강제 노동이라는 처벌을 받게 된다. 순간의 분을 참지 못해 크나큰 대가를 치르는 것이다.

"당장 눈앞에 벌어진 일만 보고는 불같이 화를 내면서 큰일을 저지르는 사람들도 있다네. 어제 살펴본 사건 중 가마꾼 이씨가 딱 그런 경우였지. 한번 들어 보게."

가마는 비싸서 따로 장만하려면 부담이 크기 때문에 남의 것을 빌리거나 전문 대여점에서 빌리는 경우가 많다. 가마를 빌릴 때는 가마꾼도 삯을 주고 함께 살 수 있다. 가마꾼은 한 번 일을 나가면 며칠씩 집을 비우는 일이 많았다.

이씨도 일 때문에 자주 집을 비웠는데, 한번은 집에 돌아왔을 때 웬 사

내가 뒷담을 넘어 도망치는 것이 보였다. 이씨는 아내가 바람을 피운다고 생각했고, 화를 참지 못하고 아내를 구타한 끝에 죽게 만들었다.

이씨는 아내의 부정한 행실 때문에 벌어진 일이라고 주장했고 조사관 역시 같은 생각이었다. 하지만 친정 식구들이 들고 일어섰다.

"절대 부정을 저지를 아이가 아니오. 그게 사실이라면 증거를 대라 하시오!"

이웃들의 증언 또한 죽은 아내에게 호의적이었다.

아내가 바람을 피웠다는 증거를 찾지 못했으니 이씨에게 살인죄를 물어야겠지만 그때 상황을 봐서는 이씨의 말이 맞을 수도 있는 일이라 결론을 내리지 못한 채 시간만 흘렀다.

그러다 그날 밤 담을 넘어 도망치던 사내를 찾아냈는데, 그냥 흔히 있는 도둑이었다. 이씨는 땅을 치며 후회했지만 이미 늦은 일이었다.

가마꾼 이씨 이야기를 듣다 보니 생각나는 말이 있었다. 그것은 바로 참을 인(忍) 자 세 번이면 살인도 면한다는 것!

"늘 참을 인 자를 가슴에 새겨야 할 것 같습니다."

가마꾼 이씨 같은 사람을 향해 하는 말이자, 나 자신에게 다짐하는 말이기도 했다.

사건 백과

◆ 조선 시대 옥은 판결을 기다리는 곳

▲ 옥바라지 옥에 갇혀 있는 동안 음식과 옷은 그 가족이 마련해 줘야 했다. 김윤보 그림.

지금은 죄를 지으면 일정 기간 교도소에 갇히는 벌을 받지만, 전통 사회에서는 매를 맞는 식의 신체형이 많았다. 옥은 판결이 날 때까지 기다리는 곳이었고, 판결이 나면 즉시 형을 집행했다. 몇 년 동안 옥에 가둔다는 식의 판결은 없었던 것이다. 태형에 해당하는 죄는 즉시 판결을 내려 집행했고, 장형 이상에 해당하는 죄인은 옥에 가두어 놓고 재판을 진행했다.

◆ 옥은 어디에 있었나

한양의 전옥서는 죄인을 가두는 대표적인 시설이었다. 전옥서가 있던 곳은 현재의 서울 종로구 서린동으로, 보신각 근처이다. 전옥서에는 남자 죄수를 가두는 곳이 아홉 칸, 여자 죄수를 가두는 곳이 다섯 칸 있었다고 한다. 의금부·포도청·내수사(왕실 재정을 관리하던 곳)에도 따로 옥이 있었고, 지방의 각 관아에도 옥이 있었다.

▲ 옥에 갇힌 죄인들 김윤보 그림.

◆ 감옥이란 말은 언제부터 쓰였나

죄인을 가두는 건물에는 감시하기 좋도록 벽에 커다란 창을 냈다. 그 주변으로는 높은 담장을 둥글게 둘러쳤기 때문에 둥글다는 뜻의 원(圓) 자를 써서 원옥(圓獄)이라고도 했다.

옥은 1907년 감옥으로 명칭이 바뀌었는데, 지금도 이 말이 널리 쓰인다. 일제 강점기 때는 형무소라고 했다. 지금은 재판 중인 미결수가 있는 곳은 구치소, 형이 확정된 죄수가 갇힌 곳은 교도소라고 한다.

▲ 원옥 죄인들을 가둔 건물 주변으로 둥글게 담을 둘러놓았다. 김준근 그림.

◆ 특별히 죄수를 석방해 주는 사면

왕실의 혼인, 왕자 탄생, 세자 책봉 같은 경사가 있으면 죄수를 풀어 주거나 형을 낮추어 주는 사면을 시행했다. 백성들과 함께 기쁨을 나눈다는 뜻이었다. 가뭄 같은 자연재해가 있을 때에는 민심을 달래기 위해 죄수를 풀어 주었다. 하지만 역모죄, 강도죄, 부모를 살해한 죄, 노비가 주인을 살해한 죄, 남을 저주한 죄 등은 사면에서 제외되었다.

집중 탐구

죄인을 벌줄 때 사용하는 형구

태형이나 장형에 쓰이는 매처럼 죄인을 벌줄 때 사용하는 기구를 형구라고 한다. 죄인을 고문하거나 도망가지 못하게 막는 데에도 여러 형구가 사용되었다.

◆ 형구는 규정에 맞게 사용하라

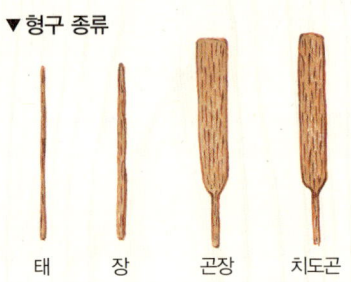

▼ 형구 종류

태　장　곤장　치도곤

형구는 용도에 따라 크기와 재료 등이 법으로 정해져 있었다. 그런데도 관리들이 규격보다 큰 매를 사용해 문제가 되곤 했다. 이를 막기 위해 정조는 《흠휼전칙》을 발간해 형구를 사용하는 데 표준으로 삼게 했다. 《흠휼전칙》에는 형구의 크기, 사용할 수 있는 사람의 자격, 사용 범위 등이 상세히 정리되어 있다.

◆ 일반 죄수는 곤장을 맞지 않아

흔히 죄인을 때리는 것을 곤장을 친다고 하는데, 이는 잘못된 표현이다. 곤장은 태형이나 장형에 쓰이는 매보다 훨씬 크고 강한 것으로, 군대와 관련된 범죄나 도적을 다스릴 때만 사용했다. 몹시 혼나는 것을 치도곤을 당한다고 하는데, 치도곤은 도적을 다스릴 때 쓰는 곤장이다.

▲ **치도곤** 김윤보 그림.

◆ 고문에 쓰이는 신장

증거가 명백한데도 죄인이 자백을 하지 않는 경우 고문을 할 수 있었는데, 이때 사용하는 매를 신장이라고 한다. 신장은 한번에 30대까지 때릴 수 있고, 한 번 신장을 친 후에는 사흘이 지나야 다시 때릴 수 있었다.

▲ 신장

◆ 죄수의 목에 씌우는 칼

죄인에게는 목에 칼을 채워서 마음대로 움직일 수 없게 했다. 칼은 길고 넓적한 나무 두 쪽을 맞붙여서 만든 것으로 길이가 170센티미터를 넘었다. 죄가 클수록 무거운 칼을 씌웠고, 여자에게는 칼을 씌우지 않았다.

◀ 칼 김윤보 그림.

◆ 자유를 억압하는 족쇄와 질곡

자유를 빼앗기고 꼼짝 못 하는 상태를 나타낼 때 '족쇄'니 '질곡'이니 하는 말을 쓰는데, 죄수를 묶어 두던 형구에서 비롯된 말이다. 족쇄는 발에 채우는 것으로 고리 두 개를 사슬로 이어 놓았다. 질곡에서 질은 죄인의 발에 채우는 차꼬이고, 곡은 수갑이다.

▲ 차꼬 김윤보 그림.

노비는 주인의 명을 거스를 수 없어

흠흠 선생이 조사하고 계신 옥사들은 이런저런 이유로 판결이 미뤄진 것들인데, 그로 인해 하염없이 옥에 갇혀 있는 사람들을 생각하니 안쓰러웠다. 앞서 들었던 가마꾼 이씨의 경우에는 사실 확인이 어려워 판결이 미뤄진 경우인데, 조사를 제대로 하지 않아 옥살이가 길어지는 일도 제법 있었다. 흠흠 선생이 안타깝다는 듯 들려주신 노비 석동의 이야기도 그런 경우였다.

경기도 장단부에 사는 양반 임해운이 밤길을 가다 괴한의 습격을 받았다. 같은 고을 김 좌수와 술을 마신 뒤 집으로 가는데 누군가 뒤에서 덮쳤다고 한다. 막무가내로 몽둥이질을 하던 괴한은 임해운이 거세게 저항

하자 주춤거리다 도망쳤는데, 임해운은 다리를 심하게 다쳐 그대로 주저앉은 채 꼼짝도 못 했다. 새벽에 근처를 지나던 마을 사람이 발견해 집에 업어다 주었고 다행히 목숨에는 지장이 없었다.

임해운은 장단에서는 물론 중앙에서도 꽤 이름이 알려진 사람이었다. 과거 급제 후 중앙에서 벼슬살이를 했는데 문장을 잘 지어 주상의 총애를 받았고, 선비들 사이에서 부러움의 대상이었다.

임해운은 몇 해 전부터 어머니가 연로하시다는 이유로 고향에 내려와 있었다. 그런데도 주상께서 종종 글을 지어 올리라는 명을 내리실 정도였고, 찾아오는 선비들도 제법 많았다. 장단 부사도 가끔 만나 시문을 주고받던 사이였다.

"누가 이런 몹쓸 짓을 했단 말인가? 내 기필코 범인을 찾아내고 말리라."

부사는 범인을 찾기 위해 그 어느 때보다 힘을 쏟았다.

얼마 후 병문안을 가 보니 임해운은 자리에 누워 있기는 했지만 정신은 멀쩡했다.

"석동이 짓이 분명합니다."

임해운은 대뜸 노비 석동을 범인으로 지목했다.

석동은 본디 임해운의 노비였는데 조카에게 물려주어서 지금은 고을 외곽에 있는 새 주인의 행랑채에서 살고 있었다.

"범인 얼굴을 보셨습니까?"

"그런 건 아니지만……."

부사의 물음에 임해운은 말꼬리를 내렸다가 이내 목소리를 높였다.

"아 글쎄, 내 말이 틀림없을 겁니다."

"왜 그렇게 생각하십니까?"

부사의 물음에 뾰족한 대답을 하는 것도 아니면서 임해운은 석동을 당장 잡아들이라고 우겼다.

'뭔가 짚이는 게 있는 모양인데.'

부사는 일단 석동을 조사해 보기로 했다. 그런데 석동에게 다녀온 아전의 얼굴이 어두웠다.

"아들이 다 죽게 되어서 꼴이 말이 아니었습니다."

"아들이? 어디 아프다더냐?"

"저, 그것이……."

아전은 대답을 못하고 우물거리다가, 부사가 재차 다그치자 조심스럽게 사정을 아뢰었다.

임해운은 사고를 당하던 날 낮에 조카 집에 갔었는데 석동이 옛 주인인 자기에게 절을 하지 않았다며 매질을 했다고 한다. 그런데 석동의 어린 아들이 아버지가 맞는 것을 보고 임해운에게 대들었던 모양이다. 아직 상하 관계를 알 리 없는 철없는 아이였다. 그런데도 임해운은 상전을

몰라본다며 어린아이에게까지 매질을 했다.

"네가 평소에 상전 알기를 우습게 하니 이 어린것까지 따라 하는 것 아니냐!"

석동 역시 더욱 가혹한 매질을 당했음은 물론이다. 임해운은 아이가 기절해 비명조차 지르지 못하자 그제야 매질을 멈추었다.

임해운이 괴한의 습격을 받은 것이 바로 그날 밤이었고, 이런 정황 때문에 임해운은 석동을 범인으로 지목했던 것이다.

"어린놈이 버릇이 없어 혼을 좀 내 줬소. 그랬더니 석동 그놈이 눈에 불을 켜고 노려보더이다. 종놈 주제에 감히! 그 일로 앙심을 품은 게 분명하오."

임해운은 생각만 해도 화가 난다는 듯 부르르 떨었다.

'아무리 노비라지만 철없는 어린아이를 그토록 가혹하게 다루다니!'

부사는 임해운의 태도가 못마땅했지만 진짜로 석동의 짓이라면 강상죄에 해당되니 그냥 넘어갈 수 없는 일이었다. 하지만 즉시 석동을 잡아들이기도 애매했다. 임해운의 심증 말고는 아무 증거도 없었기 때문이다. 더구나 아들이 숨이 넘어갈 지경인데 그럴 정신이 있었을까?

임해운은 석동이 범인이라고 확신하는 듯 왜 빨리 잡아들이지 않느냐며 펄펄 뛰었다.

"석동이 아무리 노비지만 증거 없이 죄를 물을 수는 없습니다. 괴한의 얼굴을 못 보셨다 하지 않았습니까?"

"그놈 소행이 분명하다는데도 그러시오? 아, 가만 생각해 보니 얼굴을 본 것 같소."

"뒤에서 습격했는데 얼굴을 보셨단 말입니까?"

"도망칠 때 얼핏 보았소."

부사는 기가 막혔지만 일단 석동을 옥에 가두고 신문했다. 전후 사정을 보면 석동이 범인일 가능성이 높은 건 사실이었고, 임해운의 주장을 마냥 무시하기도 힘들었기 때문이다.

 **강상죄**

강상이란 사람으로서 마땅히 지켜야 할 도리를 말한다. 자식이 부모를 죽이거나 남편을 죽이거나 노비가 주인을 죽인 경우에는 강상죄로 특히 엄하게 처벌했다. 죄인을 처형한 후 그 집은 부수어 연못을 만들고 처자식을 노비로 삼았다. 심한 경우에는 죄인이 살던 고을의 격을 강등시키고 수령도 책임을 물어 파직시켰다.

부사는 석동을 신문하는 한편, 혹시 진범이 따로 있을지 모른다는 생각에 아전들을 시켜 고을 곳곳을 조사하게 했다.

조사를 진행하면서 부사는 임해운에 대해 의외의 모습을 알게 되었다. 부사가 알고 있는 임해운은 유교 경전에 능통하고 글을 잘 짓는 선비 그 자체였다. 공자의 말씀이든 맹자의 말씀이든 술술 읊었고, 시문도 아름답게 지어 주상의 총애를 받기까지 했다.

그런데 백성들에게는 인심을 얻지 못했는지 괴한에게 습격을 당했다는데도 걱정하는 사람이 별로 없었다. 오히려 올 것이 왔다는 식의 반응이었다.

임해운은 평소 노비들에게 포악하게 굴고 툭하면 매질을 했다고 한다. 부르는데 즉시 달려오지 않았다고 매질, 세숫물이 너무 뜨겁다고 매질, 지필묵을 제때 대령하지 않는다고 매질……, 이유도 가지가지였다. 매질을 당한 노비가 분한 기색이라도 보일라치면 상전을 우습게 안다며 다시 몽둥이찜질을 퍼부었다.

유려하고 섬세한 임해운의 글을 생각하면 잘 상상이 되지 않는 모습이었다.

'문장과 그것을 지은 사람이 전혀 다른 경우라니…….'

지필묵 … 종이, 붓, 먹을 함께 이르는 말. 요즘 말로 하면 필기도구이다.

임해운에 대해 전해 들을수록 부사는 혼란스러웠다. 그래도 어찌 되었든 범인은 가려내야 할 터였다.

결백을 주장하며 버티던 석동이 어느 날 범행을 인정했다.

"주인댁에서 제 죄를 캔다면서 아내와 어린 아들까지 괴롭히는 데다 목숨까지 위협한다니 어찌하겠습니까."

석동은 모든 것을 체념한 듯 중얼거렸는데, 범행을 자백한다기보다는 신세 한탄에 가까웠다.

"불쌍한 우리 아들과 아내만은 부디 살려 주십시오. 목숨이라도 부지하려고 종이 되었는데……, 흑흑."

석동은 아예 소리 내어 울기 시작했다.

석동의 아내는 원래 양민의 딸이었는데 기근 때문에 노비가 된 경우였다. 기근이 들면 거리에는 부모를 잃고 떠도는 아이들이 생겨났는데, 나라에서는 이런 아이들을 거두어 보살피면 노비로 삼게 허락해 주었다. 목숨이라도 살리자는 생각이었다. 임해운의 집에는 이런 식으로 노비가 된 사람들이 제법 있었다.

체념한 듯 범행을 인정했던 석동은 그러나 복심(재심)에서 진술을 번복했다. 간신히 살아 있던 어린 아들이 세상을 뜨고 나서였다.

"제가 한 짓이 아닙니다."

석동은 가혹한 고문을 당하면 죄를 인정했다가도 곧이어 결백을 주장하곤 했다. 이런 식으로 석동은 5년을 옥에 갇혀 있었다.

"증거가 전혀 없는 것 아닙니까?"

나도 모르게 흥분해서 소리를 치고 말았다.

"그렇다네. 석동의 자복만이 유일한 근거지만 그마저도 번복을 했지. 고문 때문에 억지 자백을 했다는 얘기야."

석동의 처지를 생각하니 참으로 가여웠다. 석동이 범인으로 판결난다면 목숨을 부지할 수 없을 것이다. 한 사람의 목숨이 달린 일이거늘 증거도 없이 범인으로 몰아붙인단 말인가!

"아마도 석동이 미천한 노비 신분이다 보니 조사관들이 별로 신경을 쓰지 않았던 모양이네. 하지만 신분의 차이는 있을지언정 사람 목숨은 다 귀한 것 아니겠나. 다 같은 주상의 백성들 아닌가 말일세."

흠흠 선생은 석동의 죄가 분명치 않으니 석방하는 것이 옳다는 내용으로 보고서를 작성했다.

"석동의 짓이 확실하다면 마땅히 참형에 처해야 할 것입니다. 하나, 석동이 범인이라는 증거는 오로지 임해운의 증언뿐인데, 그마저도 임해운의 심증에 의한 주장일 뿐 객관적인 증거는 아니옵니다. 반면에 석동은 강하게 죄를 부인하고 있습니다. 때로는 범행을 자복하는 듯싶지만, 이는 심한 고문에 의한 것일 뿐입니다. 유죄인지 무죄인지 가려내기 어려울 때는 무죄로 판결하는 것이 원칙이니 석동을 석방하는 것이 옳은 줄

압니다."

보고서를 본 주상 역시 흠흠 선생과 같은 생각이셨다. 주상께서는 "확실한 증거도 없이 피해자의 심증만으로 유죄를 확정할 수는 없다."라는 원칙을 지켜야 한다며 석동을 석방하라 하셨다.

용의자가 미천한 자라 해도 가벼이 보지 않고 신중을 기한 흠흠 선생의 조사 덕분에 한 목숨이 살아난 것이다.

흠흠 선생의 모습을 보면서 관직에 대해 다시 생각하게 되었다. 당리당략을 위해 반대파를 몰아세우거나 백성들을 쥐어짜는 자들이 있는 반면, 흠흠 선생처럼 원칙을 지키며 진심으로 백성을 위할 줄 아는 목민관

도 있지 않은가!

　내가 어떤 길을 걸어야 할지는 너무나 명백하다. 관직에 나아가 지금까지 갈고닦은 학문을 펼치되, 흠흠 선생처럼 백성을 먼저 생각하는 마음을 잊지 않으리라.

　아버님 묘소에 엎드려 절하며 다짐하고 또 다짐했다.

사건 백과

◆ 노비는 주인에게 절대 복종할 뿐

▲〈문종심사〉 계집종을 거느린 양반집 여인이 말고삐를 잡고 앞에서 가는 하인이 이끄는 말을 타고 절에 가고 있는 모습을 담은 그림이다. 신윤복 그림.

노비는 주인에게 절대 복종할 뿐, 아무리 부당한 대우를 받아도 호소할 곳이 없었다. 주인이 역적모의를 하지 않는 한 어떤 잘못을 저질러도 고발할 수 없었고, 만약 주인을 고발할 경우에는 사형으로 다스렸다. 노비가 실수로라도 주인을 죽인 경우에는 사형이었고, 고의로 죽이면 사지를 찢는 능지처참에 처했다. 주인을 때리거나 욕한 경우에도 사형을 면할 수 없었다.

◆ 대를 이어 노비가 되다

신분제 사회였던 조선에서는 노비의 자식 역시 노비가 되었다. 부모의 주인이 서로 다른 경우에는 어머니의 주인에게 소유권이 있었고, 부모 중 한쪽만 노비여도 그 자식은 노비 신분이 되었다. 조선 후기에는 아버지가 노비여도 어머니가 양민이면 자식은 양민 신분이 되도록 법을 바꾸었는데, 노비가 지나치게 늘어나 양민이 줄어드는 것을 막기 위해서였다.

◆ 노비로 신분이 떨어지는 경우

강도죄를 지으면 본인을 처벌하는 것은 물론 처자식을 노비로 만들었다. 역모 죄인의 경우에도 처자식을 노비로 만들어 관청이나 공신의 집에 주었다.

기근이 심할 때 버려진 아이를 거두어 먹인 경우 그 아이를 노비로 삼을 수 있었다. 단 열두 살 미만의 아이에 한해 60일 이상 보살핀 경우였고, 관청의 허락을 받아야 했다. 돈을 빌렸다가 갚지 못해 노비가 되는 경우도 있었고, 형편이 너무 어려워 스스로 다른 집에 노비로 들어가는 일도 있었다.

▲〈군현도〉 시를 짓고 악기를 연주하며 풍류를 즐기는 양반들 옆에서 어린 종이 시중을 들고 있다. 김홍도 그림.

◆ 노비도 노비를 부릴 수 있어

노비는 주인과 함께 살면서 노동력을 제공하지만 따로 사는 노비도 있었다. 이 경우에는 주인에게 돈을 바쳤는데, 정해진 금액 외에는 자기가 가지므로 잘만 하면 부자가 될 수도 있었다. 토지와 집은 물론 노비까지 소유한 경우도 있었다. 그래도 신분은 여전히 노비였으므로 이것을 벗어나기 위해 멀리 도망치거나 관리를 매수해 서류를 조작하기도 했다.

집중 탐구

개인의 재산으로 취급받은 노비

노비는 신분 구조에서 가장 낮은 위치에 있었다. 노비는 토지·돈·곡식처럼 주인의 재산으로 간주되어, 사고팔거나 다른 사람에게 물려줄 수도 있었다.

◆ 물건처럼 거래된 노비

주인은 언제든지 노비를 다른 사람에게 팔 수 있었다. 노인보다는 청년이, 남자보다는 여자가 비싼 값에 거래되었다. 청년이 노인보다 일을 많이 할 수 있고, 여자는 아이를 낳아 새로운 노비를 만들 수 있기 때문이다. 노비를 사고팔 때는 관청에 신고해야 했고, 신고 없이 거래하면 주고받은 돈과 노비를 모두 몰수했다.

◆ 너무 싼 값에 거래하지 말라

법에는 노비 가격을 열여섯 살부터 쉰 살까지는 쌀 40섬(80가마), 그 외에는 30섬으로 정해 놓았지만 실제로는 훨씬 낮은 가격에 거래되었다. 나라에서 노비 값을 높게 정한 것은 이리저리 팔려 다니는 것을 막기 위해서였다. 조선 후기로 갈수록 노비 가격이 낮아졌는데, 쌀 한 섬에서 네 섬에 거래되는 일도 흔했다.

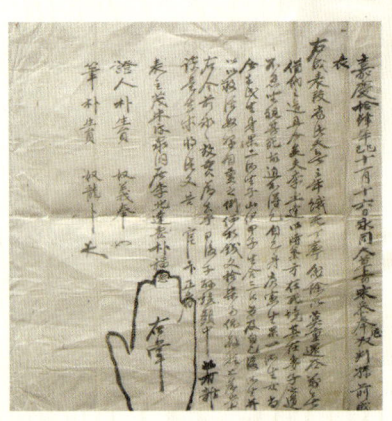
▲ 노비자매문서 자신을 노비로 판다는 내용의 문서이다. 가난 때문에 스스로 노비가 되는 경우가 종종 있었다.

♦ 노비 목숨은 주인 손에

사고파는 대상이었던 노비가 제대로 사람 대접을 받기는 어려웠다. 마음씨 좋은 주인을 만나면 다행이지만, 노비를 함부로 대하고 매질을 일삼는 주인이 많았다. 주인은 노비를 구타해도 아무 처벌을 받지 않았다. 아무 죄 없는 노비를 죽이더라도 처벌은 장 100대에 도형 1년이 고작이었고, 이마저도 관청에서 눈감아 주는 경우가 많았다. 노비 목숨은 그야말로 주인 손에 달려 있었던 것이다.

♦ 노비가 너무 많아지면 곤란하다

노비는 개인의 재물로 간주되었기 때문에 일반 백성처럼 세금을 내거나 군역을 질 의무가 없었다. 이에 나라에서는 노비가 너무 많아지지 않도록 정책을 폈다. 조선 후기에 노비의 자식이라도 어머니가 양민이면 노비 신분을 면하게 해 준 것이 그런 경우이다. 노비가 많아진다는 것은 그만큼 양민이 적어지는 것이고, 그러면 세금을 낼 사람이 줄어들기 때문이다.

▲〈주유청강〉 기생들과 뱃놀이를 즐기는 주인을 위해 노비가 대금을 불고 있다. 여유가 있는 집에서는 언제든 음악을 들을 수 있게 노비에게 악기를 가르치기도 했다.

편견은 저주보다 무섭다

관직에 나아가기로 결심한 뒤 가장 먼저 흠흠 선생을 찾아뵈었다. 선생께서는 잘 생각했노라 격려하시면서 여러 가지 조언도 해 주셨다.

"주상의 은덕을 널리 베풀 수 있게 힘써야 하네. 언제 어디서든 백성을 중심에 놓고 생각한다면 훌륭한 관리가 될 수 있을 것이야."

선생께서는 관리로서 지켜야 할 마음가짐에 대해 여러 이야기를 해 주셨는데, 백성들의 일을 처리할 때 편견이 없어야 한다는 것도 그중 하나였다.

"사람의 편견이란 게 얼마나 무서운지 모르네."

그러면서 선생께서는 젊은 시절 겪은 일을 들려주셨다.

흠흠 선생이 전라도 영암에 부임했을 때였다. 전임 군수가 갑작스럽게 물러나는 바람에 미처 마무리하지 못한 소송이 있었는데 내용이 특이했다.

오주문이라는 자가 자신의 처 장씨를 처벌해 달라며 고발했는데, 후처인 장씨가 전처가 낳은 자식들을 저주해 죽음에 이르게 했고 끝내는 하나 남은 손자마저 독살했다는 것이었다. 남편이 처를 고소하는 것도 놀라운데 저주로 사람이 죽다니, 이게 무슨 소리인가? 흠흠 선생은 대체 어떤 사연인지 자세히 알아보았다.

오주문의 처 장씨는 나이 스물에 마흔이 넘은 홀아비 오씨에게 시집을 왔다. 집이 가난해 딸의 혼사를 치르지 못하던 장씨 집안에서는 내로라하는 부자인 오씨가 청혼을 하자 군말 없이 응했다.

오씨에게는 장성한 두 아들과 딸이 있었고, 큰아들은 이미 혼인해 손자도 한 명 있었다. 오주문은 장씨와 재혼 후 작은아들과 딸을 마저 혼인시켰고, 장씨와의 사이에 아들 일우도 얻었다. 오씨는 손자보다 어린 막내아들 일우를 금이야 옥이야 아꼈다.

"그놈이 그렇게 예쁘십니까? 아주 간이고 쓸개고 다 빼 주겠습니다요."

성질이 괄괄한 작은아들은 종종 술에 취해 소란을 피웠고, 그럴 때면 장씨는 계모라 괄시하는 것이라며 신세타령을 했다. 다행히 큰아들이 장씨를 극진히 모셔 큰 불화는 없었다.

그런데 장씨가 시집오고 5년이 되던 해 큰아들 일두가 시름시름 앓더니 다시는 일어나지 못했다. 그리고 일두를 잃은 슬픔이 가시기도 전에 이번에는 시집간 딸이 아이를 낳다 죽었다는 소식이 들려왔다. 연이은 자식들의 죽음에 오씨는 식음을 전폐하고 드러누웠다.

오주문이 다시 일어날 수 있었던 것은 부인 장씨의 지극한 보살핌 덕이었다. 맏손자 상희가 있고 작은아들 일용과 늦둥이 일우의 존재 역시 오씨에게 힘이 되었다.

하지만 오씨 집안의 불행은 여기서 끝이 아니었다. 큰아들의 삼년상을 마친 지 얼마 되지 않아 작은아들 일용이 술에 취한 채 개울을 건너다 실족사한 것이다. 어이없는 죽음이었다.

"새어머니가 오신 뒤로 집안이 편할 날이 없구먼."

"어른들 말씀 틀린 거 없어요. 집안에 사람을 잘못 들이면 망조가 든다잖아요."

언제부턴가 며느리들은 이 모든 일이 장씨 때문인 양 입방아를 찧기 시작했다.

"저 아이가 불운을 안고 태어났을지도 몰라."

"께름칙해서 옆에 가기도 싫지 뭐예요."

며느리들은 어린 시동생 일우를 잡아먹을 듯 으르렁거리더니 급기야 첩의 자식이라 부르며 멸시하는 지경에까지 이르렀다.

"이러다 상희마저 화를 당할까 걱정입니다."

큰며느리는 틈만 나면 시아버지 오주문에게 상희 걱정을 늘어놓았다.

오주문은 처음에는 며느리들의 말을 무시했다. 자식들의 죽음에 크게 절망하긴 했지만 그것이 어찌 장씨 때문이란 말인가? 그러나 며느리들에게서 같은 말을 계속 듣다 보니 오주문은 자신도 모르게 장씨가 께름칙하게 여겨졌고, 차츰 멀리하게 되었다.

그러던 중 손자 상희마저 갑자기 세상을 떴다. 저녁밥을 먹다가 갑자기 가슴을 움켜쥐며 쓰러지더니 그대로 절명한 것이다.

"멀쩡하던 아이가 왜 쓰러진단 말입니까? 장씨가 음식에 독을 탄 게 분명합니다."

며느리들은 급기야 장씨를 살인범으로 몰아갔고, 오씨는 며느리들이 부추기는 대로 장씨를 고소했던 것이다.

"저주에 의한 살인이라······."

흠흠 선생은 사건의 배경을 곰곰이 되새겨 보았다.

장씨는 나이 차가 많이 나는 오주문의 후처로 들어왔다. 아들 일우를 낳아 오씨에게 사랑을 받았지만 이미 전처가 낳은 장성한 아들들이 있으니 일우의 입지는 좁을 수밖에 없을 것이다.

이런 장씨의 처지를 생각하면 고소 내용이 그럴듯해 보이기도 했다. 하지만 그럴듯하다는 것과 그렇다는 것은 분명히 다른 것이다.

절명 ··· 목숨이 끊어짐.

"왜 저를 이렇게 미워하는지 모르겠습니다. 이렇게 누명을 씌워 옥살이까지 시키다니요!"

장씨는 주먹으로 가슴을 탕탕 치며 억울함을 호소했다. 전임 군수가 오주문의 고소를 받아들여 장씨를 옥에 가두었던 것이다.

며느리들은 장씨가 자신들을 몹시 미워하고 구박했노라고 주장했다.

"일전에 편찮으실 때 죽을 끓여 갔는데 쳐다보지도 않으시더니, 다시 권하자 그릇을 내동댕이쳤습니다."

큰며느리는 그때 생긴 것이라며 손에 난 작은 흉터를 보여 주었다.

장씨는 어이가 없다는 듯 한숨을 푹 쉬었다.

"그때 제가 드러누웠던 것은 며느리들 때문에 마음의 병을 얻었기 때문입니다. 며느리들이 저와 일우를 미워하는 것이 철천지원수 보듯 합니다. 심지어 저를 첩으로 취급하기까지 합니다. 제가 어째서 첩입니까? 후처이기는 해도 엄연히 혼례를 치르고 들어온 이 집의 정실입니다. 그런데도 첩 취급에 일우까지 구박하니 제가 어찌 병이 안 나겠습니까? 그런데 평소 문안 인사도 없던 며느리가 새삼스럽게 생각하는 척 죽을 들고 오니 순간 너무 화가 나서 그런 것입니다."

장씨와 며느리들은 신문을 받는 중에도 서로 억울함을 호소하며 다툼을 멈추지 않았다.

흠흠 신생은 고소 내용을 다시 한 번 정리해 보았다.

　저주의 증거로 제시된 것은, 장씨가 매일 부엌에서 정화수를 떠 놓고 뭔가를 빈다는 것이었다. 또, 큰아들 일두가 머물던 바깥사랑채의 섬돌 밑에서 저주물로 묻어 놓은 죽은 쥐를 발견했다고 했다.
　흠흠 선생은 증거들이 너무 허술하다는 생각이 들었다.
　부엌은 집안 여인들 누구나 드나드는 곳이다. 그런데 이런 곳에서 저주를 했다니 이상하지 않은가? 저주를 하는 거라면 은밀한 곳에서 빌지 않을까?

장씨는 부엌에서 조왕신에게 비손을 했을 뿐이라고 주장했는데, 그 말이 사실일 것이다. 여인들이 부엌에서 흔히 하는 일이었다.

큰아들 일두를 저주하기 위해 묻어 놓았다는 쥐도 실체가 모호했다. 발견된 쥐는 어디 있느냐는 물음에 며느리들은 끔찍한 물건이라 집에 둘 수 없어 내다 버렸다고 했다. 며느리들의 주장만 있을 뿐 실제로 저주물을 본 사람이 없는 것이다. 심지어 오주문조차 그 일을 최근에야 알았다고 한다. 장남을 저주하는 물건이 발견되었는데 그것을 가장에게 알리지도 않고 처리했단 말인가?

'결국 장씨가 전처가 낳은 자식들을 저주했다는 증거는 없는 셈 아닌가!'

오주문의 두 아들이 죽은 것은 분명 장씨와 연관 지을 수 없는 상황이었다. 딸의 죽음 역시 마찬가지로, 젊은 여인이 아이를 낳다 죽는 일은 흔한 일이었다.

조왕신

집안에 모시는 가신들 중 하나로 부엌을 관장한다. 불씨와 음식, 재산, 아이들 건강 등을 돌보며, 집안에서 일어나는 일을 옥황상제에게 보고하는 일도 한다. 작은 종지에 물을 담아 부뚜막에 올려 두는 것으로 조왕신을 나타내며, 부엌 벽에 백지를 붙여 두는 곳도 있다.

비손 … 두 손을 비비면서 병이 낫거나 소원을 이루게 해 달라고 비는 일.

그렇다면 손자 상희의 죽음은 어떤가?

"시신에 딱히 이상한 점은 없었습니다."

당시에 상희를 보러 왔던 의원은 이렇게 진술했다.

멀쩡하던 사람이 갑자기 쓰러져 다시는 일어나지 못하는 일이 종종 있다. 상희의 경우에는 나이가 어리다는 게 특이하다면 특이할 뿐 전혀 있을 수 없는 일은 아닌 것이다.

흠흠 선생은 두 며느리를 따로 불러 신문했다.

며느리들은 이 모든 게 장씨의 저주 때문이라며 울분을 토하는가 하면, 남편의 억울함을 풀어야 한다고 울먹이기도 했다. 하지만 흠흠 선생이 고소 내용에 대해 조목조목 불합리함을 지적하자 당황한 기색이 역력했다. 그러면서도 "억울하옵니다." 소리만 반복하더니 흠흠 선생이 크게 화를 내며 옥에 가두자 그제야 사실을 털어놓았다.

큰아들 일두와 작은아들 일용이 비명에 가자 며느리들은 불안한 마음이 들었다. 이제 오주문의 아들은 일우만 남았기 때문이다. 맏손자인 상희가 있기는 하지만 오주문이 일우를 워낙 예뻐하니 재산을 어찌 물려줄지 모르는 일이었다. 며느리들은 어떻게든 장씨와 일우를 오주문의 눈 밖에 나게 만들려고 했다.

그런데 상희마저 죽었으니 그야말로 오주문의 뒤를 이을 사람은 일우밖에 남지 않았다. 재산이 모두 일우에게 돌아갈 것은 불을 보듯 뻔했고,

비명에 가다 … 제명대로 다 살지 못하고 죽다.

자신들은 아무 힘도 없는 빈껍데기가 될 것 같았다. 그래서 말도 안 되는 이유를 붙여 장씨를 고발하게끔 시아버지 오주문을 부추겼던 것이다.

동네 사람들은 사정을 자세히 알지도 못하면서 무조건 며느리들 편을 들었다.

"아들도 낳았겠다, 전처가 낳은 자식들이 눈엣가시였겠지."

며느리들의 말만 듣고 사람들은 장씨가 모든 재앙의 근원이라는 듯 수군댔고, 평소에 전처가 낳은 두 아들을 심하게 구박했다는 말도 자연스럽게 덧붙었다. 장씨가 계모이니 으레 전처의 자식들을 미워할 거라 생각한 것이다.

전임 군수 역시 뚜렷한 증거도 없이 한쪽의 주장만 듣고 장씨를 옥에 가두었다. 고소 내용을 제대로 읽어만 보아도 앞뒤가 안 맞는다는 것을 알 수 있거늘!

"사람의 편견이란 참으로 무섭구나!"

흠흠 선생은 장씨를 풀어 주는 한편 오주문을 크게 꾸짖었다. 어리석은 며느리들이 시어미를 핍박하는데도 꾸짖기는커녕 외려 며느리들 편에 서서 부인을 의심했으니 집안을 잘못 다스린 죄가 크다고 했다.

이 사건으로 인해 흠흠 선생은 어떤 일이든 편견을 걷어 내야만 제대로 판단할 수 있음을 가슴에 새기게 되셨다고 한다.

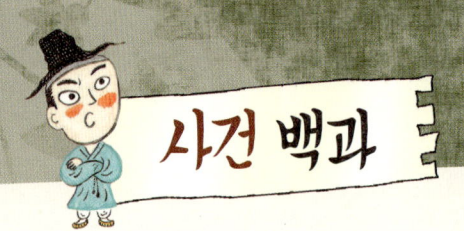

사건 백과

◆ 저주만 해도 살인죄로 처벌한다

지금처럼 과학이 발달하지 못했던 시대에는 초자연적인 힘이 사람에게 영향을 미칠 수 있다고 믿었기 때문에, 남을 해치고자 할 때 귀신에게 빌거나 요상한 술수를 쓰는 일이 많았다. 사람의 형상을 만들어 놓고 쇠꼬챙이로 심장이나 눈 등

▲ 저주에 쓰인 인형

을 찌르는 방법이 흔히 쓰였는데, 이렇게 하면 저주 대상에게 고통이 그대로 전해진다고 믿었다. 나무나 돌로 귀신을 만들어 놓고 빌거나, 동물의 사체 같은 흉측한 물건을 저주당하는 사람의 집에 묻기도 했다.

범죄의 결과만큼 동기를 중요시했던 조선에서는 이런 저주 행위를 살인 음모죄로 다스렸고, 정말로 저주 대상이 죽었을 때는 살인죄를 적용했다. 저주는 강도나 강상죄처럼 인륜을 어긴 중죄로 취급되어, 나라에 경사가 있어 죄인들을 풀어 주는 사면을 실시할 때에도 제외될 정도였다.

◆ 큰아들로만 대를 잇는 장자 계승

유교 사회에서는 큰아들이 집안의 대를 잇고 제사를 지내는 것이 원칙이었다. 큰아들이 죽고 없는 경우에는 큰손자가 계승했는데, 큰아들의 부인이 낳았든 첩이 낳

앗든 손자가 있다면 그 손자가 둘째 아들보다 우선 순위였다. 큰아들에게 아들이 없다면 가까운 친척 중에서 양자를 들여 대를 잇게 했다. 큰아들이 결혼 전에 죽은 경우에만 작은아들이 대를 이었다.

◆ 재산과 제사 의무는 함께 물려주는 것

조선은 건국 초기부터 유교를 나라의 근본으로 삼았지만 생활 속에 뿌리내리는 데에는 오래 걸렸다. 남녀 차별, 제사 중시, 장자 계승 같은 원칙은 조선 후기에야 굳어진 것이다. 조선 중기까지는 자녀들에게 재산을 고루 나눠 주었고 제사 역시 돌아가면서 모셨다. 외조부모의 제사를 모시는 일도 흔했다. 조선 후기에 장자 계승 원칙이 굳어지고 제사의 중요성이 커지면서 큰아들이 제사와 함께 재산도 대부분 물려받게 되었다.

▲〈율곡 선생 남매 분재기〉 율곡 이이의 남매들이 유산을 나누어 가지며 작성한 문서이다. 제사에 필요한 재산을 따로 떼어 놓았고, 칠 남매가 재산을 고루 나누어 가졌다. 또, 아버지의 첩에게도 유산을 나누어 주었다.

저주에 얽힌 역사 속 사건들

저주 사건은 실체가 없다 보니 쉽게 의심하게 되고 조작하기도 쉬웠다. 재판관이 임의로 처리할 여지 또한 많아서, 같은 행위가 상황에 따라 다른 판결을 받기도 했다. 정치적 사건에 연루된 경우에는 반대파를 제거하는 수단으로 이용되기도 했다.

◆ 세자를 저주했다는 누명을 쓴 경빈 박씨

중종 22년(1527년) 2월 세자의 생일날 동궁에서 저주물이 발견되었다. 뒤뜰 은행나무에 사지와 꼬리가 잘리고 불에 그슬린 쥐가 걸려 있었던 것이다. 누가 봐도 세자를 저주하는 것이었다.

범인은 잡히지 않고 의혹만 커지는 와중에 김안로 등이 경빈 박씨를 범인으로 지목했다. 경빈

▲ 경빈 박씨의 묘

박씨는 중종의 사랑을 독차지하던 후궁이었는데, 아들인 복성군을 세자로 만들기 위해 꾸민 짓이라는 것이다. 이 일 때문에 경빈과 복성군은 궐에서 쫓겨났다.

6년 뒤 세자의 처소에서 또 저주물이 발견되었다. 사람 머리 모양을 만들어 나무패에 매달아 놓고 저주하는 글을 써 놓은 것이었다. 이번에도 경빈과 복성군이 범인으로 지목되어 결국 사약을 받았다.

하지만 훗날 이 사건은 김안로와 그 아들이 꾸민 것으로 밝혀졌다. 김안로는 아

들이 중종의 사위가 되자 그 권력을 등에 업고 반대파를 무자비하게 제거했는데, 세자를 보호한다는 명분을 내세워 중종의 비호를 받았다.

◆ 인현왕후를 저주한 죄로 사형당한 장 희빈

희빈 장씨는 궁녀로 입궐했다가 숙종의 눈에 들어 후궁이 된 후 왕비에까지 오른 인물이다. 숙종은 1689년 인현 왕후를 내쫓고 장 희빈을 왕비로 책봉했지만 5년 뒤 인현 왕후를 복위시키고 장씨를 후궁으로 물러나게 했다.

인현 왕후는 복위되고 몇 년 뒤 병으로 죽었는데, 장 희빈이 인현 왕후를 저주했다는 사실이 드러나기 시작했다. 장 희빈은 신당을 차려놓고 주술 행위를 벌이는가 하면, 바늘을 꽂은 꼭두각시와 동물의 사체를 왕비의 처소에 묻기도 했다. 숙종은 장 희빈에게 왕비를 저주한 죄를 물어 사약을 내렸고, 다시는 후궁 출신이 왕비가 되지 못하도록 만들었다.

▶ 대빈궁 장 희빈의 위패를 모신 사당으로 칠궁에 속해 있다. 칠궁은 조선 시대 왕비는 아니지만 왕의 생모였던 일곱 분의 사당을 모아 놓은 곳이다.

사건 12
사형은 국왕의
허락을 받아라

관직에 나간 뒤로 바쁘게 지내던 중 모처럼 짬을 내 오달필과 함께 경치 좋은 계곡을 찾았다.

오달필이 일하는 승정원은 궁궐 안에 있지만 내가 일하는 이조는 관청이 궁궐 밖에 있다 보니 오며 가며 마주치는 일조차 드물었다. 그래서 따로 날을 잡아 한잔 대접한 것인데, 처음 시작하는 관직 생활에 도움을 아끼지 않는 친구에게 감사함을 표하기 위해서였다.

입추가 지났지만 아직 늦더위가 남아 있던 터라 계곡 물소리가 시원하게 느껴졌다. 술잔을 기울이며 이런저런 이야기를 나누었는데, 오달필이 승정원 주서라 어전 회의에 자주 참여하다 보니 그에 관한 이야기를 듣게 되었다.

"요즘은 주로 어떤 회의를 하시는가?"
"이맘때면 아무래도 사형 죄인에 대한 심리가 많다네."

살인 같은 중대한 죄를 지은 죄인은 사형으로 처벌받는다. 남의 목숨을 빼앗은 사람은 본인의 목숨으로 그 죗값을 치러야 하는 것이다. 그런데 사형수를 아무 때나 처형하는 것은 아니다. 춘분에서 추분 사이에는 되도록 사형을 집행하지 않는데, 만물이 생장하는 시기에 목숨을 빼앗는 것은 자연의 섭리를 거스르는 것이라고 생각해서이다.

물론 예외는 있는데, 역모 죄인이나 극악한 강상 죄인의 경우에는 때를 가리지 않고 바로 사형을 집행한다.

사형수에게 형을 집행할 것인가에 대해서는 조정에서 세 차례 심리를 하고, 그 후 주상께서 최종 결정을 하시게 된다. 주상은 본디 꼼꼼하고 치밀한 성격인데 옥사를 처리할 때는 더욱 신중해지신다고 한다.

"주상 전하께서는 늘 이렇게 강조하신다네. 옥사를 처리할 때에는 경전 읽듯이 하라! 수천수만 번을 다시 살펴도 넘치지 않는다!"

그 말에 절로 고개가 끄덕거려졌다. 전혀 의심할 것 없어 보이는 일도 다시 살펴야 한다는 뜻이리라.

주상께서는 사건 내용을 자세히 살펴보고 혹시라도 의심나는 점이 있으면 꼭 재조사를 명하신다고 한다. 만에 하나라도 억울하게 죄를 뒤집어쓰고 목숨을 잃는 사람이 있어서는 안 되기 때문이다.

"사건 조사를 허술하게 한 수령은 반드시 꾸짖으신다네. 얼마 전에는 이런 일도 있었지."

오달필은 허술한 조사 때문에 마영두라는 사람의 억울한 죽음이 묻힐 뻔한 일을 들려주었다.

강원도 평강에서 머슴 마영두가 길에서 나졸 강두승과 다투다 숨을 거두는 사건이 있었다. 마영두의 노모는 아들이 나졸에게 맞아서 죽은 거라며 억울함을 풀어 달라고 했다.

"그때 마영두는 짐을 옮기느라 말을 끌고 있었습니다. 마영두와 제가 큰 소리를 내며 싸우자 말이 놀라 날뛰는 바람에 그 발굽에 차여 죽은 것

입니다."

강두승은 자신의 무죄를 주장했고, 평강 현감은 그 말대로 마영두가 말발굽에 차여 죽었다고 결론을 내렸다. 재조사를 한 이천 현감 역시 같은 내용으로 강원도 관찰사에게 보고서를 올렸다.

처음 조사와 재조사의 내용이 같으면 대개는 그대로 사건을 마무리하게 된다. 그런데 보고서를 보던 관찰사는 의아한 생각이 들었다.

마영두의 시신에는 왼쪽 뺨과 오른쪽 귀에 상처가 있는데 살갗이 크게 부어 검푸른 피가 맺혀 있다고 했다. 이것은 주먹이나 몽둥이에 맞은 상처지 말발굽에 차인 상처가 아니다.《증수무원록》을 찾아보니 발굽에 차이면 입과 코에 피가 맺혀 있다는데 마영두의 시신에는 그런 흔적이 없었다.

'말은 짐을 잔뜩 싣고 있었다는데, 그 상태에서 발굽이 사람 얼굴에 닿을 만큼 높이 뛸 수 있나?'

관찰사는 고개를 갸웃거리며 보고서를 살피다가 또 다른 의문이 생겼다.

'머슴인 마영두가 나졸인 강두승을 상대로 큰 소리를 치며 싸웠다고?'

곰곰이 생각하던 관찰사가 재조사를 하겠다며 강두승을 잡아들였다.

"마영두는 말에 차여서 죽은 것입니다."

강두승은 이전 조사에서 했던 대로 자신의 무죄를 주장했다.

"마영두 그자가 그렇게 고함을 쳐 대니 말이 안 놀라겠습니까?"

강두승이 계속 말 핑계를 대자 관찰사가 아전에게 준비한 말을 끌고 오라고 했다. 동헌 뜰로 들어오는 말 등에는 짐이 한가득 실려 있었다.

"그 말이 발길질을 해서 네 얼굴에 닿을 수 있다면 너를 풀어 주마."

강두승은 어리둥절한 얼굴로 말을 쳐다보고만 있었다.

"마영두는 얼굴 쪽에 상처가 있었다. 네 말대로라면 말이 마영두의 얼굴을 찼다는 것 아니냐? 이렇게 무거운 짐을 싣고도 그게 가능한지 어디 한번 해 보거라."

강두승은 잠시 우물쭈물하더니 말을 화나게 하려는 듯 세게 걷어찼다. 말이 놀라서 날뛰기는 했지만 무거운 짐 때문에 그리 높게 뛰어오르지는 못했다. 몇 차례 더 말을 움직여 보던 강두승은 결국 땅에 주저앉으며 사실을 토해 냈다.

그날 아내와 다투고 잔뜩 골이 나 있던 강두승은 좁은 길에서 마영두와 마주치자 당장 비키라며 화부터 냈다. 마영두가 짐을 실은 말까지 데리고 어떻게 비키느냐고 툴툴대자 강두승은 건방지게 어디 감히 말대꾸를 하느냐며 마영두를 마구 때렸다. 엉뚱한 사람에게 화풀이를 했던 것인데, 그것이 살인이라는 엄청난 결과를 낳고 만 것이다.

주상께서는 보고서를 신중하게 읽고 사건의 실체를 밝혀낸 강원도 관찰사를 칭찬하시는 한편, 허술하게 사건을 다룬 두 현감을 파직시켰다.

이야기를 듣고 있자니 교하에서 있었던 황씨 부인 일이 떠올랐다. 그때 역시 허술한 조사 때문에 억울한 죽음이 묻힐 뻔하지 않았던가! 그 이야기를 들려주니 오달필은 크게 고개를 끄덕였다.

"능력 없는 사람이 관직에 있으면 많은 사람을 억울하게 만드는 법이지."

황씨 부인 이야기가 나온 김에 그동안 보고 겪었던 사건 몇 가지를 들려주었다. 흥미롭게 이야기를 듣던 오달필은 청풍의 채씨 부인 이야기가 나오자 말을 끊더니 놀라운 사실을 들려주었다.

"청풍이라면……, 남 진사 집안 이야기는 얼마 전에 실체가 밝혀졌다네."

그 사건에는 내가 알고 있는 것 말고 또 다른 내막이 있었던 것이다.

사건이 마무리되고 얼마 후 채씨 부인의 몸종 은채가 관아 앞에서 자결하는 일이 벌어졌다.

'굳이 관아 앞에서 자결을 하다니…….'

뭔가 사연이 있을 거라 생각한 청풍 부사는 남 진사네 노비들을 하나하나 신문해 보았고, 은채와 친하게 지냈던 여종 잔비에게서 놀라운 말을 듣게 되었다.

"은채가 자결한 것은 마님 일로 죄책감을 느껴 그런 것입니다."

몸종인 은채는 채씨 부인이 외간 남자와 만난 적이 없다는 것을 누구보다 잘 알았을 것이다. 그런데도 채씨 부인에 대한 헛소문이 돌 때 가만히 듣고만 있었다.

"작은 서방님한테 협박을 받았다고 했습니다."

알고 보니 채씨 부인이 부정을 저질렀다고 소문을 퍼뜨린 사람은 채씨 부인의 시동생, 즉 남 진사의 작은아들이었다.

채씨 부인은 남편이 죽고 몇 달 뒤 아들을 낳았다. 남 진사는 대를 이어 줄 맏손자가 태어났다며 기뻐서 눈물까지 흘렸지만 작은아들의 마음은 달랐다.

'아버님이 많이 연로하셔서 언제 돌아가실지 모르는데, 그러면 저 어린 조카가 이 집안을 물려받는다는 얘기 아닌가.'

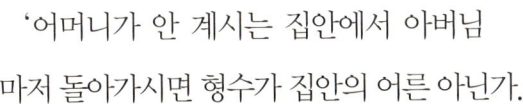

작은아들은 아버지가 없는 조카를 보살핀다는 핑계로 재산을 가로챌 작정을 했는데, 문제는 형수인 채씨 부인이었다.

'어머니가 안 계시는 집안에서 아버님마저 돌아가시면 형수가 집안의 어른 아닌가.'

그래서 생각해 낸 것이 채씨 부인이 부정을 저질렀다는 소문을 퍼뜨리는 것이었다. 사실 여부를 떠나 그런 소문이 나면 엄격한 집안 어른들이 가만있지 않을 거라는 계산이었다.

작은아들은 아내를 시켜서 슬쩍 말을 흘리게 했는데, 소문은 삽시간에 퍼져 나갔다.

"소문이 안 퍼지면 어쩌나 했는데, 제 염려가 무색할 지경이었습니다."

작은아들은 허탈하다는 듯 헛웃음까지 흘리더란다.

"형수님이 그렇게 돌아가실 줄은 몰랐습니다. 집에서 쫓아내는 정도로 끝날 줄 알았는데……."

남 진사의 작은아들은 뒤늦게 자신이 저지른 죄를 실감했는지 고개를 떨군 채 눈물만 흘렸다고 한다.

"남 진사네 작은아들은 어떤 처벌을 받게 되는가?"

"가능한 한 가장 무겁게 처벌하라 하셨네."

주상께서는 조금이라도 여지가 있으면 용서를 베푸시지만, 이번 일 같은 경우에는 엄벌을 피하기 어려울 것이라 했다.

주상께서는 평소 "죄가 의심스러우면 가볍게 처벌한다."라는 원칙을 강조하셨다. 범인으로 의심되는 사람이 있더라도 유죄인지 무죄인지 가려내기 어려울 때는 석방시켜야 한다는 것이다.

이것은 흠흠 선생도 늘 말씀하시는 것이다. 주인인 임해운을 구타했다는 죄를 쓰고 잡혀 있던 노비 석동을 증거가 없다며 풀어 준 것도 바로 이 원칙을 지킨 것이었다.

주상께서 이렇게 원칙을 강조하시니 신하들도 사건을 심리할 때 신중해질 수밖에 없고, 재조사를 하는 일이 많다고 한다.

조사 과정에서 조금이라도 변명의 여지가 보이면 처벌을 줄여 주거나 석방시키는 일이 많았지만, 반대로 명백한 죄에 대해서는 엄한 처벌이 따랐다.

"특히 인륜을 어긴 죄에 대해서는 용서가 없으시지."

"그것은 당연한 일 아닌가."

인간으로서 마땅히 지켜야 할 윤리를 어기는 자들에게 어찌 용서가 있을 것인가!

물론, 법으로 엄히 다스리는 것만이 능사는 아니다. 백성들이 유교 윤리의 중함을 알아 늘 명심한다면 인륜을 어기는 끔찍한 범죄를 저지르지 않을 것이고, 그렇게 백성들을 이끄는 것이 바로 우리 유학자들이 할 일 아니겠는가.

나로서는 이제 막 관직에 나온 처지이니 큰 힘은 없을 것이다. 하지만 중앙에 있다면 있는 대로 원칙을 지키며 일할 것이고, 지방관으로 나가게 된다면 늘 현명하게 판단하고 백성을 아끼는 목민관이 되리라.

사건 백과

◆ 중죄인에 대한 최종 판결은 국왕의 권한

사형에 해당하는 죄에 대해서는 왕이 다시 한 번 살펴본 뒤 최종 판결을 내렸다. 1년에 한 번씩, 가을에 사형을 집행하기 전에 왕이 직접 사건들을 심리했다. 한 사건에 대해 세 차례 검토한 뒤 판결을 내렸는데, 조금이라도 미심쩍은 부분이 있으면 조사를 다시 시작했다.

◆ 정조의 판결 기록을 모아 놓은 《심리록》

정조는 특히 사건을 치밀하게 심리한 것으로 알려졌는데, 정조가 판결한 내용을 모아 놓은 《심리록》이 남아 있다. 세손 시절 영조를 대신해 국정을 살피던 1775년 12월부터 서거하던 1800년 6월까지 24년 6개월 동안 처리한 1,112건이 정리되어 있다. 이 중 사형을 집행한 것은 36명에 불과했다. 한 사건의 심리를 시작해 최종 판결을 내릴 때까지 걸린 시간은 평균 15개월 정도였다.

▲ 정조 어진

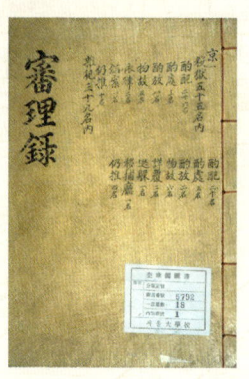
▲ 《심리록》

◆ 엄한 처벌만이 다가 아니다

　조선은 법치주의를 내세우기는 했지만 법과 처벌보다는 범죄가 일어나지 않도록 도덕적으로 교화하는 것이 더 중요하다고 보았다. 범죄를 다룰 때에는 결과뿐만 아니라 의도를 중요시했고, 가능하면 죄를 줄여 주는 방향으로 처리하려고 했다. 또, 실수로 저지른 일에 대해서는 처벌을 줄여 주었다. 하지만 인륜을 어긴 죄에 대해서는 단호하게 처벌했다.

◆ 확실하지 않으면 무죄로 판결한다

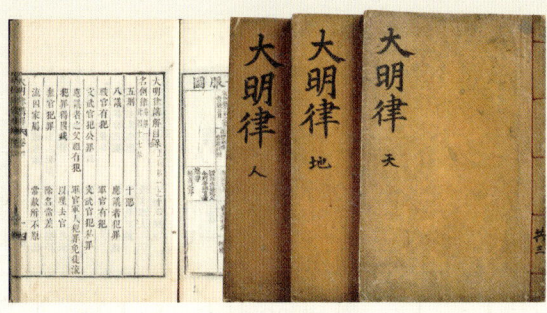

▲《대명률》 범죄 사건을 다룰 때 기준으로 삼았던 중국 명나라의 법전이다.

　범죄 사건을 다룰 때 '무죄 추정의 원칙'이라는 것이 있다. 아무리 범인으로 의심되는 사람이 있어도 유죄로 확정될 때까지는 무죄로 보는 것이다. 조선 시대에도 마찬가지로 "죄가 의심스러우면 가볍게 처벌한다."라는 원칙이 있었는데, 아무리 의심 가는 사람이 있어도 확실하게 유죄임을 입증할 수 없다면 석방해야 했다. 결정적 단서도 없이 심증만으로 처벌할 수는 없었다.

나라를 다스리는 데 기본이 된 법전들

조선은 왕을 중심으로 하는 중앙 정부에서 모든 나랏일을 결정했고, 각 지방에는 관리를 보내서 다스렸다. 관리들이 전국 어느 곳을 가든 똑같이 일을 처리하려면 일정한 기준이 필요했는데, 이를 위해 필요한 것이 법전이었다.

◆ 조선 최초의 법전인 《경제육전》

조선이 건국되고 가장 먼저 편찬된 법전은 태조 6년(1397년)의 《경제육전》이다. 《경제육전》은 고려 말부터 시행된 각종 법령들을 모아 놓은 것으로, 이전·호전·예전·병전·형전·공전의 여섯 분야로 나누어 정리했다.

◆ 국가 통치의 기본이 된 《경국대전》

▲ 세조 어진

조선 시대에 나라를 다스리는 기준이 된 최고 법전은 《경국대전》으로 세조 초기부터 편찬하기 시작해 성종 때 완성되었다. 이전의 법이 죄인을 다스리는 내용이 중심이었다면, 경국대전은 정치, 경제, 사회, 문화 여러 방면의 원칙을 담은 종합적인 법이었다.

♦ 사회가 변화하면 법전도 새로 펴내

《경국대전》 반포 뒤에도 계속해서 법령이 늘어나다 보니 서로 모순되는 것들이 생겨났다. 영조는 그중에서 실제 적용되는 것들만 추려서 《속대전》을 펴냈다. 정조는 두 법전의 내용을 합치고 부족한 내용을 보충해 《대전통편》을 펴냈

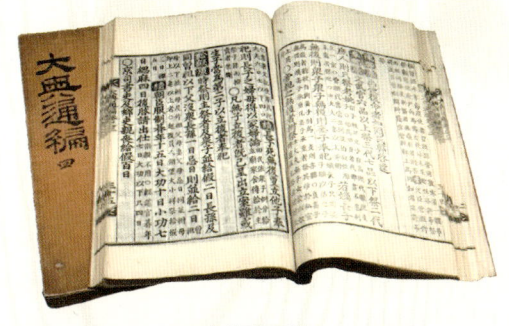

▲ 《대전통편》

다. 조선 시대 마지막 법전은 고종 때 편찬된 《대전회통》으로 정조 이후 새로 반포되거나 바뀐 내용을 포함시킨 것이다.

♦ 죄를 처벌할 때는 《대명률》을 기준으로

범죄 사건을 다룰 때에는 《대명률》을 기준으로 삼았다. 《대명률》은 중국 명나라의 법률이다. 현장에서 널리 활용할 수 있도록 이두로 풀이한 책도 펴냈는데, 조선의 실정과 다른 것은 현실에 맞게 바꾸기도 했다. 이두란 한자의 뜻과 소리를 이용해 우리말을 적던 방법으로 실무를 맡은 하급 관리들이 많이 사용했다.

ㄱ

강상죄 142, 143, 164
개성상인 95
개시대청 94
건원중보 108
검시 8, 18~20, 22, 26, 34, 36, 37, 53~55, 65, 117
검안 19
격쟁 115, 121
《경국대전》 79, 180, 181
경빈 박씨 166
《경제육전》 180
곤장 136
관찰사 22, 24, 34, 65, 81, 112, 113, 118, 119, 171~173
〈김씨사적〉 67

ㄴ

내수사 134
내외법 54
노비 80, 78, 122, 123, 127, 134, 138, 140, 142, 143, 145~147, 150~153, 174, 176
노비자매문서 152
〈누백포호〉 48

ㄷ

《대명률》 179, 181
대빈궁 167

《대전통편》 181
《대전회통》 181
도형 50, 51, 112, 113, 153
독살 19, 27, 35, 37, 155
〈동국신속삼강행실도〉 67
동국중보 108
동래 상인 95

ㅁ

마패 106
명당 110, 122, 123
목민관 39, 47, 119, 148, 177
《무원록》 20
무죄 추정 179
민사 78, 80

ㅂ

박지원 67
법물 36, 37
법치주의 179
복검안 34
복수 38, 44, 45, 47, 48
분재기 165

ㅅ

사면 135, 164
사약 51, 166, 167
사헌부 80
사형 48, 50, 51, 64, 84, 91,

150, 167~169, 178
산송 110, 111~113, 122, 123
〈삼강행실도〉 67
삼한통보 108
상소 118
상평통보 95, 99, 108, 109
소송 72, 77, 78, 80, 110~113, 120~122, 155
소지 120
《속대전》 181
수령 9, 18, 20, 24, 34, 39, 53, 65, 78, 81, 120, 143
승정원 80, 112, 118, 168
승정원 주서 110
시전 102
시형도 18
〈시흥환어행렬도〉 121
신장 137
《신주무원록》 21
《심리록》 178

ㅇ

암행어사 97, 105, 116
어사 115~117
역 103, 106
역관 84, 93
연좌 27, 35
《연좌안》 35
열녀문 56, 65
《열녀함양박씨전》 67
엽전 99, 100, 107~109
예문관 80
예조 65

오수전 108
오작 사령 9, 18, 20, 26, 55
옥 69, 89, 124~126, 130, 134, 135, 138, 143, 146, 159, 162, 163
옥사 124, 125, 131, 138, 170
왜관 83, 84~88, 90, 92~95
왜관도 92, 94
외척 111, 112, 118
용모파기 14
원고 113, 120
원옥 135
유배 48, 51, 81
은병 108
의금부 80, 134
의정부 65, 80
〈이부추애〉 67
익사 사건 65
인삼대왕고은 95
인척 112, 113, 119, 130

ㅈ

장자 계승 79, 164, 165
장형 50, 51, 81, 134, 136
장 희빈 167
전옥서 134
정려 56, 57, 65~67
정약용 49, 67
정조 121, 138, 178, 181
《조선왕조실록》 107
조왕신 161
족쇄 137

《증수무원록》 10, 20, 21, 172
《증수무원록언해》 21
질곡 137

ㅊ

참형 48, 51, 147
척지다 120
치도곤 136
치사 사건 128, 129
칠궁 167

ㅋ

칼 17, 41, 44, 125, 137

ㅌ

태형 50, 81, 134, 136
통부 106
통사 84, 86, 88, 89, 90, 93

ㅍ

포도대장 81, 99, 101, 103
포도청 80, 81, 134
포졸 81, 96
풍수지리설 122
피고 113, 120

ㅎ

한성부 80
해동통보 108
형구 136, 137
형사 78, 80
형조 80, 121, 128~130
호구 조사 78
호적 대장 72, 78, 79
호패 71, 72, 79
홍문관 80
화전 14~17
화폐 위조범 107
효자문 65
《흠휼전칙》 136

사진과 그림 제공 및 출처

18-19 낙안읍성 동헌_토픽이미지, 〈시형도〉_가천박물관, 검안_대검찰청
20-21 〈검시도〉_서울대학교 중앙도서관, 《증수무원록언해》_국립중앙도서관
34-35 《복검안》_가천박물관, 《연좌안》_한국학중앙연구원 장서각
48-49 〈누백포호〉_호암미술관, 〈길거리 싸움〉_숭실대학교 한국기독교박물관
50-51 태형_《형정도첩》, 장형_《형정도첩》, 참형_《형정도첩》
64-65 〈장옷 입은 여인〉_국립중앙박물관, 열녀비_이성준
66-67 《김씨사적》_국립중앙박물관, 《이부추애》_규장각 한국학연구원
78-79 〈노상송사〉_국립중앙박물관, 호패_국립민속박물관, 흥부와 놀부 모형_박영경
80-81 〈의금부〉_《금오헌록》, 〈죄인 망신 주기〉_《기산풍속도첩》, 낙안읍성 관아_토픽이미지
92-93 〈왜관도〉_국립중앙박물관, 〈동래부사접왜사도〉_국립중앙박물관
94-95 〈왜관도〉 중 동관 부분_국립중앙박물관, 조선 인삼_나고야시 박물관, 인삼대왕고은_일본 화폐박물관
106-107 통부_국립고궁박물관, 목마패_국립민속박물관, 돈궤_이성준, 엽전_이성준
108-109 오수전_국립부여박물관, 건원중보_국립중앙박물관, 〈엿장수〉_《기산풍속도첩》
120-121 소지 내는 모습_《형정도첩》, 〈시흥환어행렬도〉_국립중앙박물관
122-123 〈시묘살이〉_숭실대학교 한국기독교박물관, 〈명당도〉_국립민속박물관
134-135 옥바라지_《형정도첩》, 전옥서의 죄인들_출처 미상, 원옥_《형정도첩》
136-137 치도곤_《형정도첩》, 신장 고문 모형_춘향테마파크, 칼_《형정도첩》, 차꼬_《형정도첩》
150-151 〈문종심사〉_간송미술관, 〈군현도〉_국립중앙박물관
152   153 노비자매문서_국립중앙박물관, 〈주유청강〉_간송미술관
164-165 저주에 쓰인 인형_출처 미상, 〈율곡 선생 남매 분재기〉_건국대학교박물관
166-167 경빈 박씨의 묘_북앤포토, 대빈궁_연합뉴스
178-179 정조 어진_북앤포토, 《심리록》_규장각 한국학중앙연구원, 《대명률》_규장각 한국학연구원
180-181 세조 어진_해인사 성보박물관, 《대전통편》_국립고궁박물관

* 이 책에 쓴 사진은 해당 사진을 보유하고 있는 단체와 저작권자의 허락을 받아 게재한 것입니다.
  사진을 제공해 주셔서 고맙습니다.
* 저작권자를 찾지 못하여 게재 허락을 받지 못한 사진은 저작권자를 확인하는 대로 게재 허락을 받고,
  통상 기준에 따라 사용료를 지불하겠습니다.

웅진 주니어

별별 일이 일어나는 조선판 사건 25시

억울한 백성이 없도록 하라

초판 1쇄 발행 2017년 2월 8일   초판 4쇄 발행 2018년 10월 12일

글 김은하   그림 이수진   기획 및 총괄 네사람
펴낸이 이재진   연구개발실장 장윤선   편집책임 안경숙   편집 네사람, 주수진
디자인 씨오디 Color of Dream   마케팅 신동익, 정지운   제작 신홍섭
펴낸곳 웅진씽크빅   주소 경기도 파주시 회동길 20 (우)10881
주문전화 02-3670-1005, 1191   팩스 031-949-1014   문의전화 031-956-7351
홈페이지 wjbooks.co.kr/WJBooks/Junior   블로그 wj_junior.blog.me
페이스북 facebook.com/wjbook   트위터 @wjbooks   인스타그램 @woongjin_junior
출판신고 1980년 3월 29일 제406-2007-00046호   제조국 대한민국
ISBN 978-89-01-21481-8 (74910) | 978-89-01-05739-2 (세트)
글 ⓒ 김은하, 2017 (저작권자와 맺은 특약에 따라 검인을 생략합니다.)

* 웅진주니어는 (주)웅진씽크빅의 유아·아동·청소년 도서 브랜드입니다.
  저작권법에 의해 한국 내에서 보호를 받는 저작물이므로 무단전재와 복제를 금하며, 이 책 내용의 전부
  또는 일부를 이용하려면 반드시 저작권자와 (주)웅진씽크빅의 서면 동의를 받아야 합니다.
* 잘못 만들어진 책은 바꾸어 드립니다. 웅진주니어는 환경을 위해 콩기름 잉크를 사용합니다.

주의 1. 책 모서리가 날카로워 다칠 수 있으니 사람을 향해 던지거나 떨어뜨리지 마십시오.
     2. 보관시 직사광선이나 습기 찬 곳은 피해 주십시오.